# GUIDE

DU

# SOLDAT D'INFANTERIE

PARIS. — IMPRIMERIE L. BAUDOIN, 2, RUE CHRISTINE.

# GUIDE

## DU

# SOLDAT D'INFANTERIE

## DANS L'ARMÉE ACTIVE

### LA RÉSERVE ET L'ARMÉE TERRITORIALE

PAR

### le Lieutenant CASANOVA

Instructeur à l'École militaire préparatoire d'infanterie
des Andelys.

## PARIS

### LIBRAIRIE MILITAIRE DE L. BAUDOIN

IMPRIMEUR-ÉDITEUR

**30, Rue et Passage Dauphine, 30**

—

**1892**

# NOTE DE L'AUTEUR

Je me suis proposé de faire un *guide* contenant uniquement ce qui intéresse le *simple soldat* avec des explications *absolument claires*, à la portée de n'importe quel lecteur.

Pour satisfaire la première de ces deux conditions, il m'a suffi de compulser les nombreux manuels relatifs à l'instruction dans les chambres pour n'y prendre que ce qui était nécessaire.

J'ai voulu obtenir la clarté par la simplicité extrême du style. Si un livre suffisamment pratique à ce point de vue n'a pas encore été publié, c'est probablement parce que l'on hésite à écrire comme on a parlé dans une chambrée, car tous les instructeurs — ceux qui ont réellement mis la main à la pâte — savent bien que pour obtenir des résultats sérieux dans l'instruction théorique des soldats, il est indispensable de leur développer les prescriptions des règlements dans un langage bien différent du texte officiel.

J'ai vaincu mes hésitations d'amour-propre et le *Guide du soldat* contient, à peu près textuellement, les théories que j'ai faites pendant plusieurs années. On y trouvera les locutions et les expressions les plus communes, des répétitions nombreuses, quelquefois même des incorrections.

Mon but unique a été de faire un petit livre *utile*. Je m'estimerais trop heureux de l'avoir atteint.

M. C.

# TABLE DES MATIÈRES

## CHAPITRE PREMIER.

### Organisation militaire.



## CHAPITRE II.

### Législation militaire.

# CHAPITRE III.

## Discipline.

## SUPPLÉMENT AU CHAPITRE III.



## CHAPITRE IV.

### Tenue.

## CHAPITRE V.

### Tir et armement.



## CHAPITRE VI.

### Service de garde.

# CHAPITRE VII.

## Service en campagne.

## SUPPLÉMENT AU CHAPITRE VII.



## CHAPITRE VIII.

## Transports militaires en chemins de fer.



## CHAPITRE IX.

## Renseignements relatifs au service militaire dans la réserve et l'armée territoriale. — Obligations des disponibles, réservistes et territoriaux.

# GUIDE

DU

# SOLDAT D'INFANTERIE

## CHAPITRE PREMIER
### Organisation militaire.

§ **1er. Division du territoire.** — Le territoire de la France est divisé en 18 régions de corps d'armée. Chaque région comprend 8 subdivisions de région, au chef-lieu desquelles il y a un bureau de recrutement chargé de la formation du contingent et de l'administration des disponibles, réservistes et territoriaux, etc.

Outre les 18 régions de corps d'armée, il y a deux gouvernements militaires : Paris et Lyon.

§ **2. Composition de l'armée active** (*non compris les troupes de la marine*). — L'armée est commandée par le Ministre de la guerre. Elle se compose de 18 corps d'armée stationnés en France et du 19e corps stationné en Algérie et en Tunisie.

Un corps d'armée se compose de :

**2** divisions d'infanterie (8 régiments).

**1** brigade de cavalerie (2 régiments),

**1** brigade d'artillerie (2 régiments),

**1** bataillon du génie,

**1** bataillon de chasseurs à pied,

**1** escadron du train,

**1** section de secrétaires d'état-major et du recrutement,

**1** section d'infirmiers,

**1** section de commis et ouvriers d'administration.

Les corps d'armée et les divisions sont commandées par des généraux de division ; les brigades et les subdivisions de région sont commandées par des généraux de brigade.

Il y a, en France et en Algérie :

INFANTERIE (*Effectif de paix*, 303.000 *hommes.* — 163 régiments. 30 bataillons de chasseurs à pied, 4 régiments de zouaves, 4 régiments de tirailleurs algériens, 2 régiments étrangers, 5 bataillons d'infanterie légère d'Afrique, 1 régiment de sapeurs-pompiers (à Paris), 4 compagnies de discipline ;

CAVALERIE (*Effectif de paix*, 70,000 *hommes*). — 14 régiments de cuirassiers, 32 de dragons, 21 de chasseurs à cheval, 14 de hussards, 6 de chasseurs d'Afrique, 4 de spahis, 8 compagnies de cavaliers de remonte (1) ;

---

(1) Le 1er avril 1892, il reste à former le 11e cuirassiers, les 31e et 32e dragons et le 14e hussards.

Artillerie (*Effectif de paix, 70,000 hommes*). — 16 bataillons d'artillerie de forteresse, 19 régiments d'artillerie à 12 batteries montées, 19 régiments d'artillerie à 9 batteries montées et 3 batteries à cheval, 16 batteries (en Corse et en Algérie), 2 régiments de pontonniers, 10 compagnies d'ouvriers d'artillerie, 3 compagnies d'artificiers ;

Génie (*Effectif de paix, 11,000 hommes*). — 4 régiments de sapeurs-mineurs, 1 régiment de sapeurs de chemin de fer ;

Train des équipages (*Effectif de paix, 12,000 hommes*). — 20 escadrons ;

Gendarmerie (*Effectif de paix, 27,000 hommes*). — 28 légions ;

20 sections de secrétaires d'état-major et du recrutement ;

25 sections d'infirmiers ;

25 sections de commis et ouvriers militaires d'administration.


**§ 3. Composition du régiment, du bataillon et de la compagnie d'infanterie.** — Un régiment d'infanterie se compose d'une section hors rang, de trois bataillons et d'un cadre de 4ᵉ bataillon destiné à entrer dans la formation d'un régiment nouveau, à créer à la mobilisation (1).

---

(1) Quelques régiments sont formés à 4 bataillons complets.

Le régiment est commandé par le colonel et, en l'absence du colonel, par le lieutenant-colonel.

Le bataillon d'infanterie se compose de 4 compagnies (il y a des bataillons de chasseurs à 6 compagnies). Il est commandé par un chef de bataillon, secondé par un capitaine adjudant-major et un adjudant. (Quelques bataillons de chasseurs sont commandés par des lieutenants-colonels.)

Les compagnies sont commandées par les capitaines. Une compagnie se compose de 4 sections commandées : la 1re par le lieutenant, la 2e par l'officier de réserve (ou par le sergent-major), la 3e par l'adjudant, la 4e par le sous-lieutenant (ou le second lieutenant). En temps de paix chaque section se compose de deux escouades. Les huit escouades du temps de paix portent les nos 1, 3, 5, 7, 9, 11, 13, 15. A la mobilisation ces 8 escouades se dédoublent pour en former huit autres, qui prennent les numéros 2, 4, 6, 8, 10, 12, 14, 16. Il y a alors, dans chaque section, deux demi-sections (de 2 escouades) commandées par un sergent. Les escouades sont commandées par les caporaux (en l'absence du caporal, c'est le plus ancien soldat de 1re classe de l'escouade qui la commande).

Pour le service intérieur, en temps de paix, les sections sont commandées par les sergents et la compagnie est divisée en 2 pelotons : le 1er, formé des 1re et 2e sections, est commandé par le lieutenant ; le 2e, formé des 3e et 4e sections, est commandé par le sous-lieutenant (ou le second lieutenant).

A la mobilisation, l'effectif d'une compagnie est de 250 hommes environ, sous-officiers et caporaux compris.

Les écritures de la compagnie sont tenues par le sergent major et le fourrier.

**§ 4. Officiers d'un régiment qui ne font pas partie des bataillons et des compagnies.** — Il y a, dans chaque régiment :

- 1 major chargé de diriger l'administration du régiment ;
- 1 capitaine-trésorier, chargé de la comptabilité des fonds ;
- 1 capitaine d'habillement, chargé de la comptabilité de l'armement, de l'habillement et du matériel ;
- 1 lieutenant-adjoint au trésorier ;
- 1 lieutenant porte-drapeau chargé du casernement ;
- 1 médecin-major de 1$^{re}$ classe ;
- 1 médecin-major de 2$^e$ classe ;
- 1 aide-major de 1$^{re}$ ou 2$^e$ classe ;
- 1 chef de musique.

**§ 5. Équipages de mobilisation d'un régiment d'infanterie :**

3 voitures médicales (1 par bataillon) ;

12 voitures de compagnie (1 par compagnie) servant au transport de 36 outils et de munitions.

formant le *train de combat*, c'est-à-dire ce qui suit les troupes sur le champ de bataille.

4 voitures à bagages (1 pour l'état-major du régiment, 1 pour chaque bataillon) ;

1 voiture de réserve d'effets ;

13 voitures à vivres (1 pour l'état-major du régiment, 4 pour chaque bataillon) ;

3 voitures de cantinières.

formant ce qu'on appelle le *train régimentaire*.

# CHAPITRE II

## Législation militaire.

**§ 1er. Avancement. Légion d'honneur et médaille militaire.** — Tout Français peut parvenir à tous les grades et emplois s'il en est digne et s'il remplit les conditions imposées par la loi. En temps de paix, l'ancienneté exigée pour les grades de caporal et de sous-officier est la suivante : six mois de service pour être nommé caporal ; six mois de grade de caporal pour être nommé sergent ou fourrier; six mois de grade de sergent ou fourrier pour être nommé sergent-major ; un an de grade de sous-officier pour être nommé adjudant. *En temps de guerre, les anciennetés ci-dessus sont réduites de moitié.*

L'École spéciale militaire de Saint-Cyr fournit une partie des officiers à l'infanterie et à la cavalerie; l'École polytechnique fournit une partie des officiers à l'artillerie et au génie. D'autres officiers sortent des rangs des sous-officiers ayant au moins deux ans de grade de sous-officier et admis, après concours, à l'École militaire de Saint-Maixent pour l'infanterie, à l'École militaire de Saumur pour la cavalerie, à l'École militaire de Versailles pour l'artillerie, le génie et le train des équipages.

Tout militaire peut être décoré de la Légion d'honneur. En temps de paix, il faut au moins 20 ans de services pour pouvoir être nommé chevalier de la Légion d'honneur (1).

Les militaires membres de la Légion d'honneur touchent un traitement qui est :

Pour les chevaliers, de 250 francs par an ;
Pour les officiers, de 500 francs par an ;
Pour les commandeurs, de 1000 francs par an ;
Pour les grands-officiers, de 2,000 francs par an ;
Pour les grand'croix, de 3,000 francs par an.

Les sous-officiers, caporaux et soldats peuvent être décorés de la médaille militaire. En temps de paix il faut avoir au moins 7 ans de services pour pouvoir obtenir la médaille militaire. Elle jouit d'un traitement de 100 francs par an (1).

*Les faits de guerre dispensent de toute ancienneté pour l'avancement, pour la Légion d'honneur, et pour la médaille militaire.*

§ **2. Service militaire.** — Tout Français doit le service militaire personnel.

Les jeunes gens reconnus aptes au service actif sont appelés sous les drapeaux, à l'exception de ceux qui, étant établis à l'étranger avant l'âge de 19 ans, peuvent être dispensés du service militaire (art. 50 de la loi).

Après un an de présence sous les drapeaux peuvent être envoyés en congé dans leurs foyers

_______________

(1) Les campagnes comptent comme années de service.

sur leur demande, les jeunes gens se trouvant dans les cas suivants (art. 21 de la loi) :

PIÈCES A FOURNIR :

1º Aîné d'orphelins de père et mère ou aîné d'orphelins de mère dont le père est légalement déclaré absent ou interdit.

Acte de mariage des père et mère. Actes de décès des père et mère, ou acte de décès de la mère et copie du jugement d'absence ou d'interdiction du père.
Certificat de trois pères de famille, modèle A, en cas de décès des père et mère. Certificat modèle B, en cas d'interdiction ou d'absence du père.

2º Fils unique ou aîné d'une femme actuellement veuve.

Acte de mariage des père et mère. Acte de décès du père.
Certificat de trois pères de famille, modèle C.

3º Petit-fils unique ou aîné des petits-fils d'une femme actuellement veuve.

Actes de mariage des aïeuls et des père et mère. Actes de décès des père et mère et de l'aïeul.
Certificat de trois pères de famille, modèle D.

4º Fils unique ou aîné des fils d'une femme dont le mari est légalement déclaré absent ou interdit.

Acte de mariage des père et mère. Copie du jugement d'absence ou d'interdiction du père.
Certificat de trois pères de famille, modèle E.

5º Petit-fils unique ou aîné des petits-fils d'une femme dont le mari est légalement déclaré absent ou interdit.

Actes de mariage des père et mère et des aïeuls. Actes de décès des père et mère. Copie du jugement d'absence ou d'interdiction du grand-père.
Certificat de trois pères de famille, modèle F.

6º Fils unique ou aîné d'un père aveugle.

Acte de mariage des père et mère.
Certificat délivré par la commission spéciale de réforme. Certificat de trois pères de famille modèle G.

PIÈCES A FOURNIR :

7° Petit-fils unique ou aîné des petits-fils d'un grand-père aveugle.

Actes de mariage des aïeuls et des père et mère. Actes de décès des père et mère.
Certificat délivré par la commission spéciale de réforme. Certificat de trois pères de famille, modèle H.

8° Fils unique ou aîné des fils d'un père entré dans sa 70° année.

Acte de mariage des père et mère. Acte de naissance du père.
Certificat de trois pères de famille, modèle I.

9° Petit-fils unique ou aîné des petits-fils d'un grand-père entré dans sa 70° année.

Actes de mariage et de décès des père et mère. Acte de naissance de l'aïeul.
Certificat de trois pères de famille, modèle J.

10° Fils unique ou aîné des fils d'une famille de sept enfants au moins.

Acte de mariage des père et mère. Actes de naissance des enfants.
Certificat collectif de vie des frères et sœurs. Certificat de trois pères de famille, modèle K.

11° Puîné d'orphelins de père et mère ou puîné d'orphelins de mère dont le père est légalement déclaré absent ou interdit (lorsque l'aîné des orphelins est aveugle ou impotent).

Actes de mariage et de décès des père et mère.
Certificat délivré par la commission spéciale de réforme. Certificat de trois pères de famille, modèle L.
En cas d'interdiction ou d'absence du père, remplacer l'acte de décès du père par la copie du jugement d'interdiction ou d'absence, et produire le certificat modèle M à la place du certificat modèle L.

12° Fils puîné d'une femme actuellement veuve (lorsque l'aîné des fils est aveugle ou impotent).

Acte de mariage des père et mère. Acte de décès du père.
Certificat délivré par la commission spéciale de réforme. Certificat de trois pères de famille, modèle N.

13° Petit-fils puîné d'une femme actuellement veuve (lorsque l'aîné des petits-fils est aveugle ou impotent).

Acte de mariage des aïeuls. Acte de décès de l'aïeul. Actes de mariage et de décès des père et mère.
Certificat délivré par la commission spéciale de réforme. Certificat de trois pères de famille, modèle O.

14° Fils puîné d'une femme dont le mari est légalement déclaré absent ou interdit (lorsque l'aîné des fils est aveugle ou impotent).

Acte de mariage des père et mère. Copie du jugement d'absence ou d'interdiction du père.
Certificat délivré par la commission spéciale de réforme. Certificat de trois pères de famille, modèle P.

15° Petit-fils puîné d'une femme dont le mari est légalement déclaré absent ou interdit (lorsque l'aîné des petits-fils est aveugle ou impotent).

Actes de mariage des aïeuls et des père et mère. Actes de décès des père et mère. Copie du jugement d'absence ou d'interdiction de l'aïeul.
Certificat délivré par la commission spéciale de réforme. Certificat de trois pères de famille, modèle Q.

16° Fils puîné d'un père aveugle ou entré dans sa 70° année (lorsque l'aîné des fils est aveugle ou impotent).

Acte de mariage des père et mère (Si le père est entré dans sa 70° année, acte de naissance du père).
Certificat de la commission spéciale de réforme. Certificat de trois pères de famille, modèle R.

17° Petit-fils puîné d'un grand-père aveugle ou entré dans sa 70° année (lorsque l'aîné des petits-fils est aveugle ou impotent).

Actes de mariage des aïeuls et des père et mère. Actes de décès des père et mère.
Certificat de la commission spéciale de réforme. (Si le grand-père est entré dans sa 70° année, acte de naissance de l'aïeul). Certificat de trois pères de famille, modèle S.

PIÈCES A FOURNIR :

18° Puîné d'une famille de 7 enfants au moins (lorsque l'aîné des fils est aveugle ou impotent).

Acte de mariage des père et mère. Actes de naissance des enfants.
Certificat collectif de vie des frères et sœurs. Certificat de la commission spéciale de réforme. Certificat de trois pères de famille, modèle T.

19° Aîné de deux frères inscrits la même année sur les listes du recrutement cantonal.

Acte de mariage des père et mère. Actes de naissance des deux frères.
Certificat du Commandant de recrutement indiquant la décision du Conseil de revision à l'égard du plus jeune des deux frères. Certificat de trois pères de famille, modèle U.

20° Jeune homme ayant un frère sous les drapeaux comme officier, appelé, engagé volontaire, rengagé, breveté ou commissionné après 3 ans de service (quelle que soit la classe), inscrit maritime levé d'office, levé sur sa demande, maintenu ou réadmis au service (quelle que soit la classe à laquelle il appartient) officier-marinier des équipages de la flotte.

Acte de mariage des père et mère. Actes de naissance des deux frères.
Certificat de trois pères de famille, modèle V. Certificat de présence, modèle W. (Si le frère est inscrit maritime, au lieu du certificat modèle W, produire un certificat du Commissaire de la marine, modèle X).

21° Frère d'un militaire mort en activité de service, ou réformé, ou retraité pour blessures reçues dans un service commandé ou pour infirmités contractées dans les armées de terre ou de mer.

Acte de mariage des père et mère. Actes de naissance des deux frères.
Certificat de trois pères de famille, modèle Y. En outre, le décès, les blessures, la réforme ou l'admission à la retraite du frère seront justifiés par l'acte de décès ou le congé de réforme, ou le titre de pension, ou la copie certifiée du titre de pension, ou par tout autre document authentique faisant connaître les droits à la dispense.

Les certificats, extraits de l'état civil et généralement toutes les pièces que les jeunes gens ont à produire relativement à leur situation militaire sont délivrés sans frais sur papier écolier.

Les pièces réclamées par les familles ne peuvent leur être refusées. Les maires peuvent être rendus civilement responsables s'ils refusent d'établir le certificat de trois pères de famille.

Les commandants de recrutement doivent donner aux familles toutes les indications qui leur sont nécessaires.

Les certificats de présence sous les drapeaux, les actes de disparition des militaires à la guerre et les états de services sont demandés directement aux corps par lettres affranchies.

**§ 3. Soutiens de famille** (*Art.* **22** *de la loi*). — En vertu de l'article 22 de la loi de recrutement, les conseils de revision peuvent accorder des dispenses, après la première année de service à 5 pour 100 des jeunes gens du contingent, à titre de soutiens indispensables de famille.

Le Ministre de la guerre peut, de plus, autoriser les chefs de corps à délivrer des congés de soutiens de famille à 1 pour 100 de la classe qui a un an de service et à 1 pour 100 de la classe qui a 2 ans de service.

Les pièces à soumettre au conseil de revision ou au chef de corps sont les mêmes : 1° un relevé des contributions payées par la famille et certifié par le percepteur ; 2° un avis motivé de 3 pères de famille résidant dans la commune et ayant un lils sous les drapeaux (ou, à défaut, dans la réserve de l'armée active), et jouissant de leurs droits civils et politiques ; 3° un avis motivé du conseil municipal.

**§ 4. Dispensés à titre conditionnel** (*Art.* 23 *de la loi*). — L'article 23 de la loi du recrutement permet l'envoi en congé, après un an de service, sur leur demande :

1° Des jeunes gens qui contractent l'engagement de servir pendant dix ans dans les fonctions de l'instruction publique ;

2° Des élèves ecclésiastiques des cultes catholique, protestant et israélite ;

3° Des jeunes gens qui ont obtenu ou qui poursuivent leurs études pour obtenir :

Le diplôme de licencié ès lettres, de licencié ès sciences, de docteur en droit, de docteur en médecine, de pharmacien de $1^{re}$ classe, de vétérinaire, de l'École des Chartes, de l'École des langues orientales vivantes, de l'École d'administration de la marine ;

Le diplôme supérieur délivré aux élèves externes par l'École des ponts et chaussées, l'École supérieure des mines et l'École du génie maritime ; le diplôme supérieur de l'Institut national agronomique, de l'École des haras du Pin (élèves internes), des écoles d'agriculture de Grandjouan, Grignon et Montpellier, de l'école des mines de Saint-Étienne, des écoles des maîtres-ouvriers mineurs d'Alais et de Douai, des écoles d'arts et métiers d'Aix, Angers et Châlons, de l'École des hautes études commerciales, des écoles supérieures de commerce reconnues par l'État ;

L'un des prix de Rome ou un prix ou médaille d'État dans les concours annuels de l'École nationale des Beaux-Arts, du Conservatoire de musique et de l'École nationale des Arts décoratifs ;

Le titre d'interne des hôpitaux nommé au concours dans une ville où il existe une faculté de médecine ;

4° Les jeunes gens exerçant certaines industries d'art.

(Pour les pièces à fournir en vue des dispenses accordées par l'art. 23 de la loi, voir le décret portant règlement d'administration publique du 23 novembre 1889. Ce chapitre n'est mis ici qu'à titre de renseignement, les pièces devant être fournies autant que possible avant l'incorporation).

**§ 5. Dispensés maintenus au corps.** — Les jeunes gens dispensés en vertu des articles 21, 22 et 23 de la loi de recrutement peuvent être maintenus sous les drapeaux pour compléter trois années de service *si, à la fin de la première année, ils sont insuffisamment instruits, ou s'il se sont mal conduits.*

**§ 6. Rengagements et commissions.** — Peuvent se rengager :

1° Après 6 mois de service, pour 2, 3 ou 5 ans : tous les hommes des troupes coloniales ;

2° Dans leur dernière année de service, pour 2. 3 ou 5 ans : tous les caporaux ; les soldats décorés de la Légion d'honneur ou de la médaille militaire ;

2.

les soldats inscrits au tableau d'avancement pour caporal.

Peuvent être commissionnés et maintenus sous les drapeaux jusqu'à l'âge de 50 ans :

1° Les caporaux (dès qu'ils ont dépassé l'âge pour pouvoir se rengager : 33 ans) ;

2° Les soldats des petits états-majors, sections ou compagnies hors rang, les soldats-ordonnances des officiers, les tambours et clairons, les soldats tailleurs et cordonniers, les soldats garde-magasin d'habillement, les prévôts d'escrime brevetés, les moniteurs de gymnastique ayant suivi les cours de l'École de Joinville-le-Pont, les musiciens, le personnel employé dans les Écoles militaires. (Voir ci-après les hautes payes, gratifications et primes de rengagement).

Les hommes de la réserve de l'armée active, âgés de moins de 28 ans, peuvent être admis à se rengager dans les troupes coloniales, avec les mêmes avantages que ceux qui si rengagent étant présents sous les drapeaux. Ils adressent leur demande au commandant de recrutement de leur subdivision (1).

Les militaires commissionnés sont soumis aux lois et règlements militaires. Ils ne peuvent

______

(1) Depuis le 1er février 1892, les Français appartenant à la réserve ou à l'armée territoriale qui en feront la demande seront admis à contracter *au titre étranger*, des rengagements de 5 ans pour la Légion étrangère. Pièces à fournir : livret militaire ou relevé des services, extrait du casier judiciaire, certificat d'identité délivré par le maire du dernier domicile.

quitter leur emploi avant que leur démission ne soit acceptée. En cas de guerre, les démissions ne sont jamais acceptées.

**§ 7. Primes de rengagement et gratifications annuelles de rengagement.** — 1° *Armée continentale.* — Les caporaux et soldats qui contractent un premier rengagement de 5 ans ont droit à une prime de 600 francs.

Ceux qui contractent un premier rengagement de deux ans ont droit à 200 francs.

Ceux qui contractent un premier rengagement complémentaire de trois ans ont droit à 400 francs.

Ceux qui contractent un premier rengagement de 3 ans ont droit à 300 francs.

Ceux qui contractent un premier rengagement complémentaire de 2 ans ont droit à 300 francs.

2° *Troupes coloniales.* — Les caporaux et soldats des troupes coloniales ou de l'armée continentale, les militaires de la réserve qui contractent un *premier rengagement* dans les troupes coloniales, ont droit aux primes et gratifications annuelles ci-après :

| | PRIMES. | GRATIFICA- TIONS annuelles. |
|---|---|---|
| | fr. | fr. |
| Pour un 1er rengagement de 2 ans... | 200 | 100 |
| Pour un rengagement complémentaire de 3 ans ........................... | 300 | 130 |
| Pour un 1er rengagement de 5 ans... | 600 | 160 |

Les rengagements suivants donnent seulement droit aux gratifications annuelles.

§ **8. Primes d'engagement.** — Les jeunes gens admis à contracter un engagement volontaire de 5 ans dans les troupes coloniales reçoivent : 1° au premier jour de leur 4ᵉ année de service, une prime de 100 francs ; 2° au premier jour de leur 5ᵉ année de service une autre prime de 100 francs.

§ **9. Hautes payes journalières.** — 1° *Armée continentale.* — Les caporaux et soldats rengagés ou commissionnés ont droit à une première haute paye à partir du jour où leur rengagement ou leur commission commence à courir ; après 5 ans de rengagement ou de commission, ils ont droit à une deuxième haute paye.

|  | 1ʳᵉ HAUTE PAYE. | 2ᵉ HAUTE PAYE. |
|---|---|---|
|  | fr. c. | fr. c. |
| Caporaux . . . . . . . . . . . . . . . | 0 16 | 0 24 |
| Soldats . . . . . . . . . . . . . . . | 0 12 | 0 16 |

2° *Troupes coloniales.* — Il y a quatre hautes payes basées sur la durée du service :

|  | 1ʳᵉ HAUTE PAYE de 3 à 6 ans de service. | 2ᵉ HAUTE PAYE de 6 à 9 ans de service. | 3ᵉ HAUTE PAYE de 9 à 12 ans de service. | 4ᵉ HAUTE PAYE de 13 à 15 ans de service. |
|---|---|---|---|---|
|  | fr. c. | fr. c. | fr. c. | fr. c. |
| Caporaux . . . . . . . | 0 24 | 0 30 | 0 35 | 0 38 |
| Soldats . . . . . . . | 0 18 | 0 23 | 0 27 | 0 30 |

Aux colonies, ces hautes payes sont doublées.

Tout rengagé qui, étant sous les drapeaux, est condamné à trois mois de prison ou plus, est déchu de ses droits à la haute paye et à la gratification annuelle. Après avoir subi sa peine, il est envoyé dans un bataillon d'Afrique pour finir son service militaire.

## § 10. Retraites.

*Tarif des retraites des sous-officiers, caporaux et soldats.*

| | À 15 ans de services effectifs. | Augmentation pour chaque année de 15 à 25 ans de service. | Pension à 25 ans. | Augmentation pour chaque année de 25 à 45 ans de service. | Maximum de la pension. | PENSION des veuves et secours aux orphelins. | |
|---|---|---|---|---|---|---|---|
| | | | | | | trois quarts du maximum. | moitié du maximum. |
| | fr. | fr. c. | fr. | fr. c. | fr. | fr. | fr. |
| Adjudant............ | 455 | 54 50 | 1000 | 15 » | 1300 | 975 | 650 |
| Sergent-major....... | 395 | 50 50 | 900 | 15 » | 1200 | 900 | 600 |
| Sergent............ | 365 | 43 50 | 800 | 15 » | 1100 | 825 | 550 |
| Caporal............ | 347 | 35 30 | 700 | 10 » | 900 | 675 | 450 |
| Soldat............. | 335 | 26 50 | 600 | 7 50 | 750 | 563 | 375 |

Les campagnes produisent la même augmentation que les années de service, si le militaire a au moins 15 ans de services effectifs.

Les blessures donnent droit à la retraite lorsqu'elles sont graves et incurables et qu'elles proviennent d'événements de guerre ou d'accidents éprouvés dans un service commandé.

Les infirmités donnent le même droit que les blessures, lorsqu'elles sont graves et incurables et qu'elles proviennent des fatigues du service.

Dans les cas moins graves, elles ne donnent droit à la pension que si le sous-officier, caporal ou soldat est mis, par ses blessures ou ses infirmités, *hors d'état de pourvoir à sa subsistance.*

Ont droit aux trois quarts du maximum de la pension du grade du mari :

1° Les veuves de sous-officiers, caporaux ou soldats tués sur le champ de bataille ou morts à l'armée et dont la mort a été causée par des événements de guerre;

2° Les veuves de sous-officiers, caporaux et soldats morts des suites de blessures reçues sur le champ de bataille ou à l'armée par suite d'événements de guerre, pourvu que le mariage soit antérieur à ces blessures.

Ont droit à la moitié du maximum de la pension du grade du mari :

1° Les veuves de sous-officiers, caporaux et soldats morts en jouissance de la pension de retraite, ou en possession des droits à cette pension, pourvu que le mariage ait été contracté réglementairement deux ans au moins avant la cessation de l'activité (s'il y a un ou plusieurs enfants nés pendant l'activité, cette condition de deux ans n'est pas exigée);

2° Les veuves de sous-officiers, caporaux ou soldats tués dans un service commandé, ou morts de maladies contagieuses ou endémiques contractées hors d'Europe, et aux influences desquelles ils ont été soumis par le service, pourvu que le mariage ait été contracté réglementairement et antérieurement aux événements de guerre ou à l'origine des maladies.

Les orphelins ont droit, ensemble, à la pension qu'aurait eue la mère, jusqu'à ce que le plus jeune ait 21 ans révolus. La part des enfants devenus majeurs passe aux mineurs.

Les retraites proportionnelles ne donnent pas droit à pension pour les veuves et les orphelins.

§ 11. **Congés de réforme.** — Il y a deux sortes de congés de réforme : 1° le congé n° 1, accordé pour blessures reçues ou infirmités contractées dans le service ; 2° le congé n° 2, accordé pour blessures reçues ou infirmités contractées hors du service.

§ 12. **Gratifications renouvelables de réforme et secours.** — Tout militaire réformé par congé n° 1 peut être proposé pour une gratification renouvelable, qui est de 220 francs par an pour les soldats, de 230 francs pour les caporaux.

Des secours peuvent être accordés à d'anciens militaires, à leurs veuves ou orphelins privés de moyens d'existence et aux ascendants (pères, mères, grands-pères, grand'mères) de militaires morts en activité de service. Ils ne sont jamais inférieurs à 50 francs. Ils peuvent être permanents, c'est-à-dire accordés tous les ans.

§ 13. **Emplois civils** (*art. 84 de la loi de recrutement*). — À partir du 1er novembre 1893, nul ne pourra être admis à exercer certains emplois salariés par l'État ou les départements, si, n'ayant pas été déclaré impropre au service militaire à l'appel de sa classe, il ne compte au moins cinq années de service actif dans les armées de terre et de mer, dont deux comme officier, sous-officier, caporal ou brigadier, ou si, avant la date ci-dessus mentionnée, il n'a été retraité ou réformé.

Le décret du **28** janvier 1892, inséré au *Journal officiel* du **1er** février (page 615 et suivantes), donne la liste des emplois réservés et les conditions à remplir pour les occuper.

**§ 14. Taxe militaire annuelle.** — La taxe militaire se compose : 1° d'une taxe fixe de 6 francs ; 2° d'une taxe proportionnelle égale au montant, en principal, de la cote personnelle ou mobilière de l'individu assujetti à la taxe.

Si l'assujetti a encore ses ascendants du 1er degré (père et mère), sa cote personnelle et mobilière est augmentée de la somme produite par la division de la cote du plus imposé de ses ascendants par le nombre des enfants.

Sont assujettis à la taxe militaire ceux qui, par suite d'exemptions, d'ajournements, de dispense, de classement dans les services auxiliaires ou dans la seconde partie du contingent ou pour toute autre cause, bénéficieront d'une exonération de service dans l'armée active.

Sont dispensés de la taxe : les hommes réformés par congé n° 1 ou retraités et les contribuables indigents.

# CHAPITRE III

## Discipline.

### § 1<sup>er</sup>. Hiérarchie militaire et appellations.

*Appellations :*

|  |  | Appellations : |
|---|---|---|
| | Caporal, | Caporal. |
| | Caporal fourrier, | Caporal fourrier. |
| Sous-officiers. | Sergent, | Sergent. |
| | Sergent fourrier, | Sergent fourrier. |
| | Sergent-major, | Major. |
| | Adjudant, | Mon adjudant. |
| Officiers subalternes. | Sous-lieutenant, Lieutenant, | Mon lieutenant. |
| | Capitaine, | Mon capitaine. |
| Officiers supérieurs. | Chef de bataillon ou Major, | Mon commandant. |
| | Lieutenant-colonel, Colonel, | Mon colonel. |
| Officiers généraux. | Général de brigade, Général de division (commandant une division, un corps d'armée ou une armée), | Mon général. |

Pour les contrôleurs de l'administration de l'armée, les médecins et pharmaciens militaires, les membres de l'intendance militaire, les vétérinaires militaires, les officiers d'administration, les adjoints du génie, les archivistes d'état-major, les gardes d'artillerie, les chefs de musique, les interprètes militaires, les contrôleurs d'armes, on dit : « Monsieur le » et on énonce le titre principal par exemple :

Monsieur le Contrôleur, *ou* Monsieur le Contrôleur général ;

Monsieur le Médecin-major, *ou* Monsieur le Médecin aide-major ;

Monsieur l'adjoint à l'Intendance, *ou* Monsieur le Sous-Intendant, *ou* Monsieur l'Intendant.

Monsieur l'Officier d'administration, *ou* Monsieur l'Officier d'administration principal, etc, etc....

Le Ministre de la guerre, les maréchaux de France, le grand chancelier de la Légion d'honneur, les gouverneurs de Paris et de Lyon, les gouverneurs des places fortes, sont désignés par leur titre, précédé des mots : « Monsieur le ».

**§ 2. Subordination, obéissance et devoirs pendant le combat. Main-forte à l'autorité.** — Tous les militaires doivent à leurs supérieurs une obéissance entière et une soumission de tous les instants. Les ordres doivent être exécutés complètement, sans hésitation ni murmures. Celui qui a donné un ordre en est responsable, et la réclamation n'est permise à l'inférieur que lorsqu'il a obéi.

Dans le service et pour tout ce qui concerne l'ordre public, des militaires de même grade **doivent obéissance au plus ancien d'entre eux, comme** s'il leur était supérieur en grade.

(*Voir au livret individuel les peines édictées par le Code pénal militaire, pour les refus d'obéissance.*)

Au combat, les officiers et les sous-officiers ont le droit de *forcer, par tous les moyens,* l'obéissance des soldats, qui doit être plus absolue que jamais. Les soldats ne doivent rester en arrière sous aucun prétexte, même pour secourir ou transporter un camarade blessé. Le premier intérêt comme le premier devoir est d'assurer la victoire (*art.* 200 *du Règlement sur le service en campagne*).

Tout militaire en uniforme doit, sans qu'on le lui demande, prêter main-forte, même au péril de sa vie, à la gendarmerie et aux autres agents de l'autorité (*art.* 168 *du Règlement du 4 octobre* 1891 *sur le service des places*).

**§ 3. Marques extérieures de respect.** — Le livret individuel indique les marques extérieures de respect que les militaires doivent, *en toutes circonstances,* à tous leurs supérieurs. Il n'est pas inutile d'indiquer un certain nombre de ces circonstances et la conduite qu'un soldat respectueux doit y tenir :

Un militaire qui désire parler à un supérieur marche franchement vers lui, s'arrête à deux ou trois pas et le salue.

Un soldat qui rencontre un officier dans un escalier, s'arrête, le dos au mur, et salue. S'il monte ou descend l'escalier en même temps qu'un officier, il ne suit pas l'officier de trop près ou le dépasse vivement de huit ou dix pas.

Un militaire se rencontrant devant une porte avec un supérieur, lui cède le pas.

Un soldat rencontrant un supérieur sur un trottoir large cède à son supérieur le côté du mur. Si le trottoir est étroit, le soldat descend.

Un soldat qui se trouve à un guichet de poste, de gare, etc., juste devant un supérieur, se montre très poli en offrant à son supérieur de le laisser passer devant.

Un soldat assis dans un établissement public se lève en voyant entrer un officier et le salue en se tournant de son côté. Si le soldat entre dans un établissement public où se trouve un officier, il doit le saluer en entrant et, si c'est possible, ne pas s'asseoir près de lui.

Un militaire ne salue jamais en ayant la cigarette ou le cigare à la bouche, ou une main dans la poche.

Les hommes en corvée, dans le rang, ne saluent pas les supérieurs qu'ils rencontrent ; mais, s'ils ont rompu les rangs, ils saluent tous quand un supérieur vient à passer devant eux.

Un militaire en voiture qui rencontre un supérieur salue sans se lever.

Avant d'entrer chez un supérieur, on sonne ou on frappe à sa porte deux fois, — trois fois, au plus, s'il y a grande urgence. — On n'entre, sous aucun prétexte, que s'il a été répondu : *Entrez*.

Le soldat en faction qui, pendant la nuit, voit passer près de lui un officier habillé en bourgeois, se montre respectueux en gardant l'immobilité sous les armes.

**§ 4. Fautes contre la discipline.** — Un militaire commet une faute contre la discipline :

Quand il murmure à propos d'un ordre ou d'une observation de ses supérieurs ;

Quand il tient de mauvais propos sur ses supérieurs ;

Quand il ne leur obéit pas exactement ;

Quand il n'observe pas une punition ;

Quand il s'enivre ;

Quand il se conduit mal, même hors du service ;

Quand il fait des dettes ;

Quand il se dispute avec ses camarades ou avec des civils ;

Quand il manque aux appels, aux services, à l'exercice ou aux théories ;

Quand il publie un écrit quelconque, livre, brochure ou article de journal, etc., sans autorisation.

Enfin, toutes les fois qu'il commet une faute contre le devoir militaire par suite de paresse, de négligence ou de mauvaise volonté.

Les fautes sont plus graves quand elles sont répétées et surtout habituelles ; elles sont également plus graves quand elles sont commises dans le service ou par plusieurs militaires réunis.

L'ivresse n'est jamais considérée comme une excuse, au contraire.

(*Voir au livret individuel, à la suite du Code pénal, l'extrait de la loi sur l'ivresse.*)

**§ 5. Punitions des soldats.** — Un militaire

peut être puni par tous ses supérieurs, même d'une autre arme ou d'un autre corps que lui.

Le soldat peut être puni :

Par les caporaux ou fonctionnaires caporaux : d'inspection avec la garde, de corvées supplémentaires, de 2 jours de consigne (1);

Par les sergents, les sergents fourriers et les sergents majors : de 4 jours de consigne;

Par le sergent major de la compagnie et par les adjudants : de 8 jours de consigne;

Par l'adjudant de la compagnie, par l'adjudant de semaine, par les lieutenants et les sous-lieutenants : de 8 jours de consigne ou 4 jours de salle de police. (En l'absence des officiers et de l'adjudant de la compagnie, le sergent-major ou un adjudant quelconque peut faire mettre provisoirement à la salle de police un soldat qui trouble l'ordre.)

Par les capitaines : de 15 jours de consigne ou 8 jours de salle de police;

Par le capitaine de la compagnie et par les officiers supérieurs : 30 jours de consigne ou 15 jours de salle de police ou 8 jours de prison;

Par le colonel du régiment : 30 jours de con-

---

(1) Un soldat chef de détachement a le droit d'infliger aux soldats de son détachement les mêmes punitions qu'un lieutenant. Un soldat qui, en raison de son ancienneté, exerce un commandement, a le droit d'infliger aux soldats sous ses ordres les mêmes punitions qu'un caporal.

signe ou de salle de police, ou 15 jours de prison, ou 7 jours de prison et 8 de cellule ;

Par les généraux : de 30 jours à 60 jours de prison, dont 8 de cellule.

Les soldats commissionnés peuvent être révoqués ou mis à la retraite d'office.

Les soldats peuvent être punis par les médecins militaires, quand ils sont à la salle de visite, à l'infirmerie ou dans la salle des convalescents.

Les punitions se décomptent par jour. Elles commencent au moment où elles sont infligées et prennent fin à la garde montante du dernier jour de punition.

Les soldats de 1re classe, les tambours et clairons, les musiciens, les sapeurs, peuvent être remis soldats de 2e classe.

Si les punitions ordinaires ne suffisent pas à corriger un soldat, il peut être envoyé dans une compagnie de discipline, en Afrique.

Les punitions de 1 jour de salle de police, de 1, 2 ou 3 jours de consigne, ne sont pas inscrites au livret matricule ; toutes les autres y figurent avec le motif.

Article 47 de la loi du 15 juillet 1889 :

« Les militaires qui, pendant la durée de leur
« service, auront subi des punitions de prison ou
« de cellule, seront maintenus au corps, après le
« départ des hommes de leur classe, pendant un
« nombre de jours égal au nombre de jours de
« prison ou de cellule qu'ils auront subis.

« Cette disposition ne sera pas applicable aux

« militaires qui, au moment du départ des hommes
« de leur classe, seront en possession du grade de
« sous-officier ou de caporal.

« Si le total de ces journées de prison ou de
« cellule dépasse 60, la durée du maintien au
« corps sera fixée par le conseil de discipline, sta-
« tuant en dernier ressort ; elle ne pourra être
« inférieure à 3 mois ni supérieure à 1 an. »

**§ 6. Service des hommes punis.** — Les soldats punis de consigne ou de salle de police sont
employés à toutes les corvées du quartier ; ils ne
sont dispensés d'aucun service, il assistent à tous
les exercices et théories.

Dès que le service a cessé, les soldats punis de
salle de police sont conduits aux salles de discipline. Lorsqu'il n'y a pas d'exercice dans la journée, ils sont exercés deux heures au peloton de
punition. Ils ont droit, pour la nuit, à une demi-
fourniture (paillasse, sac à paille, couverture,
couvre-pieds).

Les soldats punis de prison ne font pas de service, mais ils sont exercés, trois heures le matin
et trois heures le soir, au peloton de punition. Ils
sont, en outre, employés aux corvées de propreté
les plus pénibles. Ils ont droit, pour la nuit, à une
couverture.

Les soldats punis de cellule sont enfermés pendant toute la durée de leur punition. Ils ont droit,
pour la nuit, à une couverture, et reçoivent deux
soupes par jour, dont une sans viande.

Les soldats punis de prison ou de cellule n'ont

pas droit à leurs centimes de poche, qui sont versés à l'ordinaire, ni aux rations de vin, d'eau-de-vie, de sucre ou de café.

Les soldats détenus aux salles de discipline adressent toutes leurs demandes au sergent de garde.

Tout militaire qui, en permission ou en congé, même de convalescence, encourt une punition de prison ou est signalé comme se conduisant mal, est immédiatement renvoyé à son corps.

**§ 7. Permissions et demandes diverses.** — Les soldats demandent au caporal de l'escouade la permission de manquer au repas.

Ils demandent à l'adjudant (ou, en son absence, au sergent-major), la permission du rassemblement quotidien de la compagnie (1) et l'autorisation de changer leur tour de service avec un camarade de la compagnie.

Ils demandent à l'officier de peloton la permission d'un exercice ou d'une théorie.

Le capitaine peut accorder la permission de l'appel du soir, de 10 heures, de minuit et de la nuit. Les permissions pour quitter la garnison, sont accordées par le colonel, sur la demande du capitaine.

*Règles générales :* Les soldats s'adressent au sergent-major pour toutes les demandes qui doivent être transmises au capitaine de la compagnie ou

---

(1) Quand un soldat a obtenu la permission du rassemblement de la compagnie, il doit s'informer sans retard des ordres qui y ont été lus ou donnés.

à d'autres officiers. S'ils ont besoin de parler directement au capitaine ou à un autre officier, ils demandent à lui être présentés.

Les soldats préviennent leur chef d'escouade de toutes les permissions qu'ils ont obtenues.

Les soldats décorés de la Légion d'honneur ou de la médaille militaire ont la permission permanente de **11** heures.

(Après l'appel du soir, qui a lieu en toute saison à **9** heures, les soldats qui sortent du quartier ou y rentrent se présentent au sergent de la garde de police.)

(Tout soldat qui a subi une punition de prison est privé d'exemption de service et de permission pendant les quinze jours qui suivent la fin de sa punition).

Sauf pour des cas exceptionnels, les réservistes et territoriaux convoqués ne peuvent avoir de permission que les dimanches et jours de fête.

Les permissions pour quitter la garnison peuvent être accordées par le chef de corps pour **30** jours au plus. (Les rengagés ou commissionnés et les engagés volontaires pour plus de **3** ans, peuvent seuls obtenir une permission pour plus de **30** jours.)

Les permissions pour aller à l'étranger ne sont accordées que par le Ministre de la guerre. L'uniforme militaire ne peut être porté à l'étranger que sur une autorisation spéciale du Ministre de la guerre.

Le soldat en permission ou en congé doit se conformer rigoureusement aux indications portées sur sa permission ou son congé. Il ne peut pas changer sa résidence sans en demander l'autorisation au général commandant la subdivision où il est en permission ou en congé.

Le soldat en permission ou en congé qui a besoin d'obtenir une prolongation demande d'abord, par lettre ou par télégramme, à son chef de corps, l'autorisation de solliciter une prolongation. Si le chef de corps autorise, le soldat adresse une demande au général commandant la subdivision de région *où il se trouve en permission*, par l'intermédiaire de la gendarmerie. Il joint à sa demande son titre de permission ou de congé, l'autorisation de son chef de corps et les certificats qu'il a obtenus. Les certificats sont toujours visés par le maire. (*Voir Modèle de demande, p.* 57.)

S'il s'agit d'une prolongation de congé de convalescence, l'autorisation du chef de corps n'est pas nécessaire. L'homme se présente, porteur de ses pièces, au commandant d'armes, s'il est dans une ville de garnison, et demande à être visité par un médecin militaire. S'il ne se trouve pas dans une ville de garnison, il envoie au général, par l'intermédiaire de la gendarmerie, le certificat du médecin civil, visé par le maire, sa demande et son congé.

Les soldats peuvent demander leur changement de corps à toute époque de l'année, et leur changement d'arme avant le 15 octobre. Les pièces à produire dans les deux cas, par le soldat, sont : 1° son *consentement* écrit, s'il est engagé volontaire ; 2° les consentements des deux chefs de corps.

(Le consentement du chef de corps où l'on désire aller doit être demandé par l'intermédiaire du chef de corps où l'on se trouve.) Les autres pièces sont établies par la compagnie.

Aucun changement n'est prononcé pour un corps stationné dans la subdivision de région où l'homme était domicilié avant son incorporation.

Tout soldat peut demander à suivre l'école primaire de compagnie.

**§ 8. Absences illégales. Cas de désertion.** — Le militaire qui s'absente sans autorisation de son corps pendant plus de 6 jours est considéré comme déserteur à l'intérieur. (Le soldat qui n'a pas encore 3 mois de service, n'est considéré comme déserteur qu'après un mois d'absence.)

Le militaire qui n'a pas rejoint son corps à l'expiration d'une permission ou d'un congé, et qui ne justifie pas de son retard, est sévèrement puni. S'il n'est pas rentré dans les quinze jours qui suivent celui qui était fixé pour sa rentrée, il est déclaré déserteur à l'intérieur.

Est déclaré déserteur à l'étranger, en temps de paix, trois jours après celui de l'absence constatée (en temps de guerre, un jour), tout militaire qui franchit, sans autorisation, les limites du territoire français, ou qui, hors de France, abandonne son corps.

**§ 9. Accidents en route.** — Le militaire qui perd sa feuille de route en rend compte, le plus tôt possible, à une sous-intendance.

S'il est retenu en route par un accident, il le

fait constater par la gendarmerie ou par le commissaire de surveillance administrative de la gare.

Le militaire qui tombe malade étant en voyage, en permission ou en congé, se présente au commandant d'armes ou à la gendarmerie. S'il ne peut se présenter, il fait prévenir ou écrit.

**§ 10. Réclamations.** — On ne peut pas réclamer plusieurs ensemble. Un militaire doit toujours se soumettre à une punition. Quand la punition est commencée, il lui est permis de faire une réclamation. L'homme qui réclame étant en état d'ivresse ne peut être entendu.

Le soldat adresse toutes ses réclamations à son capitaine. Si la réclamation a lieu contre le capitaine, le soldat s'adresse au colonel. Il peut également s'adresser au colonel, s'il croit que le capitaine n'a pas fait droit à sa réclamation.

Les réclamations pour le prêt ou les vivres sont adressées d'abord à l'officier de semaine.

Une réclamation non fondée peut motiver une nouvelle punition.

**§ 11. Devoirs du soldat dans la chambrée. Soins de propreté personnelle. Précautions pour la nuit. Soldat de chambre.** — Au réveil, découvrir le lit, se nettoyer la tête, se rincer la bouche, se laver avec soin la figure et les mains. (La serviette employée doit être propre. Il est interdit de se servir de celle d'un camarade.)

Le samedi, battre les couvertures et les matelas au grand air.

Une fois par semaine, se laver les pieds et les

jambes, surtout s'il n'est pas fait usage de bains chauds ou froids. Changer de linge le jour où il revient du blanc, faire sécher le linge sale hors de la chambre, puis l'enfermer dans la poche du havresac.

Il est défendu de fumer étant couché, de manger la soupe sur son lit, de se coucher sur son lit avec des souliers ou des galoches, de placer aucun effet ou objet entre la paillasse et le matelas, d'enlever de la paille des paillasses et de s'essuyer avec les draps du lit.

Il est également défendu de décrotter ses chaussures, de nettoyer ou de battre ses habits et de se laver dans la chambre.

On ne doit jamais boire à la cruche; il faut se servir toujours de son quart.

Pendant la nuit, il ne faut pas se couvrir la figure ou la tête avec le drap du lit; si l'on a besoin de sortir, il faut se vêtir et se chausser complètement.

Le soldat commandé chaque jour de chambre, par le chef de chambrée, doit nettoyer les planchers, épousseter et brosser les tables, bancs, planches à pain, râteliers d'armes, portes et fenêtres de la chambre, renouveler le sable des crachoirs, enlever et porter les ordures à l'extérieur.

Quand il est dans la chambre, il empêche de fouiller dans les paquetages des absents; le soir, il remplit la cruche d'eau.

**§ 12. Soldats de 1ʳᵉ classe. —** Nommés par le colonel, sur la proposition du capitaine et l'avis du chef de bataillon. Conditions : avoir au moins six mois de service, savoir lire et écrire, être vigoureux, bon marcheur, bon tireur, avoir une bonne conduite et une belle tenue. (Un acte de courage ou de dévouement peut dispenser de toute autre condition.) Il peut y avoir deux soldats de 1re classe par escouade. En temps de guerre, le quart des soldats peut être de 1re classe.

A moins de nécessité absolue, les soldats de 1re classe ne font d'autres corvées que celles de leur compagnie. Ceux qui sont punis font les corvées de quartier. Leur solde est de **28** centimes par jour, comme celle des soldats de 2e classe.

**§ 13. Tambours et clairons.** — Nommés par le colonel. Exempts de corvées, à l'exception de celles de la chambrée et de l'ordinaire. Ils sont commandés dans leur service par le tambour-major. Leur solde est de 30 centimes par jour.

Quand le régiment se réunit, les tambours et clairons restent à leur compagnie pour répondre à l'appel, être inspectés et recevoir communication des ordres. Ils se placent sur l'alignement des serre-files, derrière la droite de leur escouade. (Le tambour fait partie de la 1re escouade, le clairon de la 9e). Ils se rassemblent ensuite par bataillon, sous les ordres du caporal tambour ou clairon.

**§ 14. Musiciens et élèves musiciens.** — Les musiciens sont nommés par le colonel. Les deux plus anciens font fonctions de sergents, les quatre plus anciens après font fonctions de caporaux.

Tous les musiciens reçoivent, des médecins du corps, l'instruction comme brancardiers. Leur solde est de 30 centimes par jour.

Les élèves musiciens font leur tir annuel et prennent part à un exercice par semaine. Ils ne font que les corvées de la musique.

Pour tout ce qui concerne le service, la tenue, la discipline et l'instruction des musiciens ou élèves musiciens, le chef de musique a les mêmes droits qu'un commandant de compagnie et le sous-chef de musique a les mêmes droits qu'un adjudant dans sa compagnie. La solde des élèves musiciens est de 28 centimes par jour.

**§ 15. Sapeurs ouvriers d'art.** — Nommés par le colonel et choisis parmi les soldats robustes, bons sujets et familiarisés par leur profession avec les outils qu'ils doivent porter. Employés aux manipulations de munitions, à l'entretien du matériel de tir, au service de planton et de garde-caisse du conseil, à l'entretien du casernement. Spécialement exercés aux travaux de campagne. Leur solde est de 30 centimes par jour.

**§ 16. Infirmiers régimentaires.** — Il y a un infirmier régimentaire par bataillon. Les infirmiers font, à tour de rôle, la semaine à l'infirmerie et à la salle des convalescents. L'infirmier de semaine couche à l'infirmerie et est sous les ordres du caporal d'infirmerie.

Les infirmiers régimentaires sont exempts du service de garde et des corvées. Ils peuvent être punis par les médecins militaires du corps.

**§ 17. Soldats du petit état-major et de la section hors rang**. — Nommés par le colonel. Exercés une fois par semaine.

**§ 18. Perruquier.** — Désigné par le capitaine. Exempt du service de garde et des corvées. Assiste aux exercices et aux théories quand le capitaine l'ordonne. Les tondeuses, ciseaux, rasoirs, etc., sont fournis par l'ordinaire. Le perruquier est responsable de leur entretien. Il coupe les cheveux, taille ou rase la barbe des sous-officiers, caporaux et soldats, sur leur demande. N'a droit à aucune rétribution. Reçoit une instruction spéciale des médecins du corps.

**§ 19. Cuisinier. Aide-cuisinier. Cafetier.** — Le cuisinier et l'aide-cuisinier sont désignés par le capitaine ; le cuisinier est relevé tous les mois, l'aide-cuisinier toutes les semaines.

Le cuisinier doit toujours savoir le nombre d'hommes vivant à l'ordinaire. Il doit s'attacher à faire une égale répartition des aliments et ne distraire aucune espèce de denrée pour son usage personnel. Il est responsable de la propreté et de l'entretien du matériel, des ustensiles et des effets de cuisine. Il doit tenir très propres le sol de la cuisine, le magasin aux vivres, les tables et les bancs. Il doit porter, ou faire porter par son aide, les ordures et matériaux de rebut hors de la cuisine, à l'endroit désigné. Il ne laisse jamais découverts les tonneaux d'os et d'eaux grasses. Il se conforme aux indications de la consigne qui est affichée dans la cuisine. Après la soupe du soir et la corvée de propreté, il dispose tout pour le lendemain.

Le cuisinier reçoit le prêt franc.

Un soldat par régiment est désigné par le colonel pour la préparation du café au moyen du percolateur. Il est exempt de tout autre service.

**§ 20. Soldats ordonnances.** — Les officiers montés ou non montés sont autorisés à employer chacun un soldat pour leur service personnel et le pansage de leurs chevaux. Ces soldats doivent être de 2ᵉ classe et passés à l'école de bataillon ; ils sont dispensés de service et de corvées, mais ils se trouvent aux inspections, aux marches et aux manœuvres toutes les fois que le colonel l'ordonne ; ils font leurs tirs individuels.

Les officiers payent, par mois, à l'ordonnance 5 francs pour leur service personnel et **4** francs par cheval.

En campagne, les ordonnances d'officiers rentrent dans le rang pour marcher et pour combattre. Cependant, ceux qui conduisent des chevaux de main marchent toujours à la queue du régiment.

**§ 21. Gardes d'écurie.** — Le service des gardes d'écurie dure **24** heures ; il est fait par les soldats ordonnances des officiers montés et les conducteurs des équipages régimentaires. Il y a deux gardes par écurie.

Pendant la nuit, un garde veille toujours ; pendant le jour, lorsqu'un des deux gardes s'absente, l'autre le remplace ; s'ils sont obligés de s'absenter tous les deux à la fois pour le service, un conducteur d'équipages désigné chaque jour les remplace.

*Tenue des gardes d'écurie :* képi, veste, pantalon de treillis, galoches ou souliers.

*Devoirs :* Avoir soin des ustensiles qui leur sont confiés, être vigilants et accourir au moindre bruit que font les chevaux, entretenir la plus grande propreté dans les écuries et au dehors ; ne pas laisser séjourner le crottin sous les chevaux, relever la paille qui s'étend, la remettre à la litière ou la rejeter au râtelier.

Les gardes d'écurie sont pourvus de colliers et de longes de rechange pour attacher les chevaux qui cassent leur licou. Ils rendent compte, à chaque pansage, au caporal ou au sergent chargé des écuries, des accidents survenus, des chevaux qui se sont détachés, des indispositions des chevaux.

Si les indispositions paraissent graves, les gardes informent de suite l'adjudant de semaine. Il leur est formellement interdit de brutaliser leurs chevaux.

**§ 22. Travailleurs.** — Toutes les fois qu'un soldat en reçoit l'ordre, il est tenu d'exercer, dans l'intérêt du régiment, la profession qu'il avait avant son entrée au service.

**§ 23. Justice militaire.** — Est rendue par les conseils de guerre.

Pour juger un soldat, un caporal ou un sous-officier, le conseil se compose, en temps de paix, de 6 officiers et 1 sous-officier; en campagne, de 4 officiers et 1 sous-officier. (En campagne, il peut y avoir un conseil de guerre même dans un bataillon détaché.)

On peut se pourvoir devant les conseils de revision contre les jugements des conseils de guerre. Il y a deux conseils de revision : un à Paris, un à Alger.

*(Voir au livret individuel la liste des crimes et délits militaires et les peines édictées par le Code pénal militaire.)*

**§ 24. Certificat de bonne conduite.** — Est délivré aux militaires qui se sont bien conduits pendant la durée de leur service. (Ceux qui sont restés moins d'un an sous les drapeaux n'en reçoivent pas.) Il ne peut être refusé aux gradés et soldats de 1$^{re}$ classe que par le général commandant le corps d'armée.

**§ 25. Droits politiques et électoraux des militaires.** — Quand ils sont présents au corps, les militaires ne votent pas ; quand ils sont en congé régulier, ils peuvent voter.

Les militaires en activité de service ne peuvent être ni conseillers municipaux, ni conseillers généraux ou d'arrondissement, ni députés, ni sénateurs. Ils ne peuvent faire partie d'aucune association civile ou religieuse.

Aucune souscription ne peut être ouverte dans l'armée sans autorisation.

## § 26. Exemples de correspondance militaire.

(Papier écolier, feuille entière.)

**1° *Lettre d'un soldat de l'armée active qui demande une prolongation de permission.***

Quingey, le 20 mai 1892.

Le soldat Masson, n° mle 2153, du 44ᵉ régiment d'infanterie (2ᵉ bataillon, 4ᵉ compagnie), en permission de quinze jours à Quingey (Doubs), rue Neuve, 25, à Monsieur le Général commandant la subdivision de région de Besançon, à Besançon.

Mon Général,

J'ai l'honneur de vous prier de vouloir bien m'accorder une prolongation de permission de huit jours pour me permettre d'assister à une réunion de membres de ma famille, qui doit avoir lieu le 28 du courant chez M. le notaire Jacquot, pour le règlement d'affaires sérieuses me concernant.

Je joins à ma demande : une lettre de M. Jacquot, mon titre de permission et l'autorisation de M. le Colonel du 44ᵉ régiment d'infanterie.

MASSON.

## 2° *Lettre d'un réserviste (ou territorial) qui demande un ajournement de sa période d'instruction.*

Clairvaux, le 20 mai 1892.

Le sieur Tassin (Pierre), domicilié à Clairvaux, Grande-Rue, n° 26, sergent réserviste au 44ᵉ régiment d'infanterie (ou sergent au 53ᵉ régiment territorial d'infanterie). n° mle 1525, à Monsieur le Général commandant la subdision de région de Lons-le-Saunier, à Lons-le-Saunier.

Mon Général,

Convoqué pour la période d'exercices qui doit avoir lieu du     au     1892, je ne pourrais m'y rendre sans compromettre gravement les intérêts de mon industrie ; mon principal employé, M. Laurent, se trouvant appelé pour la même période (à tel régiment).

J'ai l'honneur de vous prier de vouloir bien m'ajourner à la prochaine période.

P. TASSIN.

OBSERVATIONS. — Les lettres écrites pour le service par un militaire en congé ou en permission à un officier ou sous-officier de son régiment sont envoyées directement, et affranchies, par la poste.

Il est prudent de ne jamais mettre sur l'enveloppe, le nom du chef à qui l'on écrit pour affaires de service. On met, par exemple : Monsieur le Colonel commandant (tel régiment) à (tel endroit) ou Monsieur le Capitaine commandant (telle compagnie) de (tel régiment) à (tel endroit).

Si l'on désire recevoir rapidement une réponse par la poste ou par le télégraphe, joindre à la lettre les timbres-poste nécessaires.

# SUPPLÉMENT

## AU CHAPITRE III

§ 1er. **Ordinaire.** — En garnison, tous les caporaux et soldats d'une même compagnie forment généralement un seul ordinaire. L'ordinaire est entretenu : 1° par un prélèvement sur la solde fixé par les chefs de corps (généralement **20** ou **21** centimes par jour) ; 2° par l'indemnité journalière allouée à chaque homme en remplacement de viande ; 3° par le produit des os et eaux grasses de la cuisine ; 4° par les centimes de poche des hommes punis de prison ; 5° par les indemnités représentatives de vin, d'eau-de-vie, etc., etc., allouées par le Ministre ou par les généraux.

Avec les fonds produits par tous ces versements, l'ordinaire achète, tout ce qui est nécessaire à l'alimentation des hommes (moins le pain de table), à l'éclairage des chambres, etc. Les comptes de l'ordinaire sont arrêtés, tous les cinq jours, par le sergent-major et le caporal d'ordinaire et vérifiés par le lieutenant de la compagnie qui signe sur le cahier d'ordinaire, après chaque arrêté. L'argent qui reste s'appelle le *boni* et est reversé aux cinq jours suivants.

Quand ce n'est pas la commission des ordinaires

qui fournit les vivres, les soldats qui accompagnent le caporal pour acheter au comptant chez les marchands ont le droit de débattre les prix et d'aller au besoin chez d'autres marchands. Les vivres achetés doivent être payés par le caporal en présence des soldats de corvée.

Le capitaine peut accorder la permission de ne pas vivre à l'ordinaire. Cette permission ne peut être refusée à l'homme marié dont la femme est autorisée à résider au régiment. Les caporaux et soldats autorisés à ne pas vivre à l'ordinaire touchent leur solde entière, l'indemnité de viande et toutes les autres indemnités. Ils peuvent vivre à la cantine.

**§ 2. Bons de tabac.** — Il est distribué tous les dix jours un bon de tabac aux caporaux et soldats *fumeurs*. Contre ce bon et 15 centimes, les bureaux de tabac délivrent un paquet de tabac, dit de cantine. Il est formellement défendu de vendre les bons ou les paquets de tabac.

**§ 3. Echange de la paille de couchage et des draps.** — En garnison, les draps et les sacs à coucher sont échangés : tous les 20 jours, du 1er mai au 30 septembre ; tous les 30 jours, du 1er octobre au 30 avril. Ils sont échangés aussi toutes les fois que le lit passe d'un homme à l'autre. La paille est échangée tous les 6 mois.

Les troupes campées, baraquées ou logées dans des locaux où il n'y a pas de matériel de couchage ont droit à la paille de couchage renouvelable tous les 15 jours.

Les troupes pourvues de fournitures de couchage auxiliaire ont droit à 10 kilogrammes de paille pour la paillasse et 2 kilogrammes pour le traversin, renouvelable tous les mois.

**§ 4. Logement chez l'habitant.** — Quand la troupe est logée chez l'habitant, les habitants sont tenus : 1° de faire place aux soldats, au feu et à la lumière ; 2 de leur prêter les ustensiles nécessaires pour faire et manger la soupe ; 3° de donner un lit pour 2 caporaux ou soldats.

Les hommes n'exigent que ce qui leur est dû. En cas de mauvaise volonté des habitants, ils adressent des réclamations à leurs officiers ou sous-officiers.

Les habitants ne doivent jamais être déplacés du lit et de la chambre qu'ils occupent habituellement.

## § 5. Taux des rations de vivres. Supplément de solde. Solde en route.

| | TEMPS de paix. | EN CAMPAGNE | |
|---|---|---|---|
| | | Ration normale. | Ration forte. |
| | gr. | gr. | gr. |
| Pain ................... | 750 | 750 | 750 |
| Pain biscuité........... | 700 | 700 | 700 |
| Biscuit................ | 550 | 600 | 600 |
| Viande fraîche ......... | 300 | 400 | 500 |
| Lard salé............ | 240 | 240 | 300 |
| Viande de conserve.... | 200 | 200 | 250 |
| Riz ................. | 30 (en Algérie 60) | 60 | 100 |
| Légumes secs......... | 60 | 60 | 100 |
| Pommes de terre........ | " | 450 | 750 |
| Saindoux ............. | " | 30 | 30 |
| Graisse de bœuf........ | " | 40 | 40 |
| Potage condensé (le jour où il est consommé des conserves de viande).. | " | 25 | 25 |
| Sel.......... | 16 | 20 | 20 |
| Sucre ............... | 21 | 21 | 21 |
| Café torréfié........... | 16 (pr percolateur, 10) | 16 | 16 |
| Café vert ............ | 19 | 19 | 19 |
| Vin................... | 1/4 de lit. | 1/4 de lit. | 1/4 de lit. |
| Eau-de-vie............ | 1/16 de lit. | 1/16 de lit. | 1/16 de lit. |
| Bière ou cidre.......... | " | 1/2 litre. | 1/2 litre. |

Les soldats voyageant en détachement ont droit à un supplément de solde de 10 centimes par jour.

Le soldat qui voyage isolément avec une feuille de route, touche 1 fr. 25 par jour, mais pas de pain ni vivres. Si la distance à franchir est égale ou supérieure à 37 kilom. le soldat touche, en plus, l'indemnité dite kilométrique (0 fr. 016) par kilomètre parcouru en chemin de fer.

Le jour de la fête nationale, il est alloué à chaque soldat 30 centimes qui sont versés à l'ordinaire.

**§ 6. Retenues sur la solde.** — Le chef de corps fixe la somme à prélever sur la solde pour être versée à l'ordinaire, généralement 20 ou 21 centimes, comme il a été déjà dit. (Le soldat ne doit jamais toucher moins de cinq centimes par jour). Les centimes de poche des hommes irrégulièrement absents le dernier jour du prêt sont versés à l'ordinaire.

Il ne doit être fait d'autre retenue sur les centimes de poche des hommes présents que celle qui est prescrite pour les hommes punis de prison ou de cellule.

**§ 7. Remise des lettres et de l'argent.** — Les soldats du petit état-major et de la section hors rang reçoivent directement du vaguemestre toutes les lettres qui leur sont adressées. Les autres soldats ne reçoivent directement du vaguemestre que les lettres qui ne sont pas affranchies et les lettres ou paquets recommandés. Les lettres ordinaires sont remises par le vaguemestre aux sergents de semaine.

Les mandats sont donnés par les soldats au sergent de semaine qui les remet au vaguemestre. Le vaguemestre en touche le montant à la poste et le paye aux destinataires en présence du sergent de semaine de leur compagnie, sur la présentation du livret individuel et de l'enveloppe de la lettre. Les sergents de semaine et les soldats signent au registre. Les soldats qui ne savent pas signer font une croix et l'officier de semaine certifie la remise de l'argent.

Les mandats-poste sont payés au moins deux fois par semaine. Les mandats télégraphiques sont payés aux destinataires le jour même de leur remise au vaguemestre.

# CHAPITRE IV

## Tenue.

---

**§ 1. Différentes tenues.** — Il y a quatre tenues :

La *tenue du matin*, portée jusqu'à 1 heure du soir ;

La *tenue du jour*, qui se prend à 1 heure du soir ;

La *grande tenue*, qui se prend, lorsque l'ordre en est donné, à partir de la soupe du matin ;

La *tenue de campagne*, qui se porte dans les marches militaires, aux manœuvres d'automne, pendant les routes, etc. (voir la composition de cette tenue, page 70).

En ville, même quand il est en corvée, le soldat ne doit pas fumer la pipe, ni avoir les mains dans ses poches.

S'il est en grande tenue, il ne quitte jamais ses gants quand il est dans la rue.

**§ 2. Manière de porter les effets.** — Le *shako* et le *képi* ne doivent pencher ni à droite ni à gauche, la visière ne doit pas être relevée. La jugulaire est ajustée de manière à ne pas gêner le soldat et à ne pas bâiller.

4.

La *cravate* fait un ou deux tours, suivant l'ordre donné ; elle est fixée sur les côtés à la chemise par des épingles.

La *tunique* et la *capote* se boutonnent à droite pendant la première quinzaine du mois, à gauche pendant la seconde quinzaine.

La *capote* doit faire deux plis derrière lorsque le soldat a le ceinturon.

Le *pantalon* doit tomber droit sur le cou-de-pied, sans faire de plis ; il se porte toujours avec des bretelles.

Les *épaulettes* doivent reposer à plat sur l'épaule, la grosse torsade doit toucher la bride.

Le *havresac* doit arriver à hauteur des épaules. Lorsque la capote est roulée dessus, on ne doit pas voir la doublure des poches.

La *courroie* de l'étui-musette doit passer sur l'épaule droite, celle du bidon sur l'épaule gauche.

La *ceinture* de flanelle doit être portée sur la peau.

Éviter de serrer les cordons du caleçon.

Les chaînes de montre ne doivent pas être apparentes.

Les agrafes du collet ne doivent pas se voir.

Le deuil de famille se porte par un crêpe au bras gauche.

**§ 3. Cheveux et barbe.** — Les cheveux des soldats sont coupés courts, surtout par derrière. Les soldats ne peuvent porter que la moustache et la mouche, ou bien la barbe entière taillée de manière à ne pas cacher les écussons du collet.

**§ 4. Paquetage du sac.** — 1° *Avec la veste.*
— La veste roulée et pliée, la doublure extérieurement, est placée sur le haut du havresac, de façon à ne déborder ni à droite ni à gauche.

La veste peut aussi être pliée et placée sous la patelette du sac, de manière qu'elle ne déborde pas et soit complètement à l'abri de la pluie.

2° *Avec la capote.* — La capote, roulée en boudin, de manière à encadrer le dessus et les côtés du havresac, est fixée en fer à cheval par les quatre petites courroies et la grande courroie de charge. Les deux bouts de la capote roulée doivent arriver à **2** centimètres environ du dessous du sac, de manière à ne pas toucher le sol quand on pose les sacs à terre.

**§ 5. Garniture intérieure du havresac.** —
Le sac doit contenir la chemise pliée, le biscuit enveloppé dans un linge, les petits vivres dans leurs sachets, la calotte de coton et le mouchoir pliés, les brosses enveloppées dans un sachet de toile, la trousse garnie (ciseaux, 6 aiguilles 1 dé, du fil de différentes couleurs, 1 peigne, 1 glace, des boutons), les souliers emboîtés l'un dans l'autre (ou sur les côtés du sac, extérieurement, retenus par les deux courroies de côté, les semelles en dehors, les talons en bas), la paire de guêtres de toile, les sous-pieds de rechange et la courroie de capote, le morceau de savon, la boîte à graisse, le nécessaire d'armes, la brosse à graisse, enveloppée dans un morceau de drap, le livret in-

dividuel dans la poche de la patelette, les cartouches dans leur compartiment.

(Pour le placement des outils portatifs et des objets de campement, voir les affiches dans les chambres.)

**§ 6. Placement des effets dans les chambres ou pour une revue de détail. — (Con-**sulter l'instruction affichée dans les chambres.)

**§ 7. Entretien des effets**. — 1° *Effets de draps tachés*. — Les battre avec le martinet, les brosser, puis enlever les taches en les humectant d'abord avec de l'eau (tiède autant que possible), puis en les savonnant avec du savon dit *à détacher*. Faire ensuite pénétrer le savon dans l'étoffe en frottant fortement avec une brosse ou une éponge et laver après avec de l'eau pure pour enlever complètement le savon. On peut aussi se servir d'un tampon d'ouate trempé dans la benzine et avec lequel on frotte les parties tachées. Si les taches résistent au savon et à la benzine, demander au sergent de section à employer l'acide oxalique.

Pour laver les doublures, faire endosser l'effet retourné par un camarade, frotter les doublures avec de l'eau et du savon en se servant d'une brosse en chiendent ou d'une brosse à habits un peu usée, rincer ensuite à grande eau pour faire partir le savon et faire sécher à l'ombre. Ne laver les doublures qu'après avoir détaché le drap, si c'est nécessaire.

Les collets de tunique sont jaunis sous la surveillance du sergent de section.

Après les exercices, faire sécher les effets mouillés de sueur ou de pluie avant de les placer dans le paquetage.

**Précaution importante** : *Essuyer soigneusement les armes avant d'aller aux exercices, les taches de graisse étant très difficiles à enlever.*

2° *Effets d'équipement*. — Frotter avec un morceau d'encaustique les parties du cuir qui ne portent pas sur les effets, étendre l'encaustique en passant sur le cuir le bout du martinet taillé en sifflet et bien lisse, frotter ensuite avec un morceau de drap sec pour donner le brillant. Il est formellement interdit de passer les cuirs devant le feu pour faire fondre l'encaustique. Lorsqu'il faut enlever les vieilles couches d'encaustique, râcler doucement. Se servir toujours des planches à astiquer.

3° *Coiffure*. — Enlever souvent la crasse qui se dépose sur la coiffe intérieure ; éviter de mouiller la visière.

4° *Linge et menus effets*. — Voir le linge quand il revient du blanchissage et le raccommoder. Les serviettes, le sac à brosses et l'étui-musette doivent être lavés souvent.

Lorsqu'une réparation ne peut pas être faite par le soldat lui-même, il demande au caporal d'escouade de faire faire la réparation à l'atelier de la compagnie.

### § 8. Marques des effets de toute sorte. —
Consulter l'instruction affichée dans les chambres. (Le marquage est presque toujours fait par les sous-officiers.)

### § 9. Entretien de la chaussure. — Pour
conserver la souplesse de la chaussure, employer la nourriture Mironde de la manière suivante : brosser la chaussure avec soin, puis la laver légèrement avec un chiffon mouillé pour mettre le cuir à nu, laisser sécher à l'ombre une demi-heure ; essuyer ensuite avec un chiffon sec, étaler uniformément la nourriture Mironde en frottant doucement avec la paume de la main, laisser sécher à l'air et à l'ombre. Si l'on n'a pas de nourriture Mironde, employer comme il vient d'être dit l'huile de pied de bœuf ou le dégras. Le soldat doit remplacer lui-même ou faire remplacer sans retard les clous qui manquent à sa chaussure.

### § 10. Tenue de campagne. — En campagne
le soldat d'infanterie porte : 1° *sur lui :* 1 plaque d'identité (1), 1 capote, 1 ceinture de flanelle, 1 pantalon de drap, 1 képi, 1 bretelle de fusil, 2 cartouchières, 1 ceinturon, 1 porte-sabre, 1 havresac, 1 paire de bretelles, 1 paire de brodequins, 1 caleçon, 1 chemise, 1 cravate, 1 étui-musette, 1 mouchoir, 1 quart, 1 petit bidon, 1 fusil avec épée-baïonnette.

---

(1) Se porte au cou. D'un côté sont gravés les nom, prénoms et classe de l'homme ; de l'autre côté, la subdivision de région et le numéro matricule du recrutement.

2° *Dans le sac* (ou *sur le sac*) : 1 veste, 1 calotte de coton, 1 chemise, 1 courroie de capote, 1 cuiller, 1 trousse garnie (1), 1 gamelle individuelle, 1 paire de guêtres de toile, 1 livret individuel, 1 morceau de savon, 1 mouchoir, 1 paire de souliers, 1 paire de sous-pieds de rechange, 2 sachets pour vivres de réserve, 2 rations de biscuit, 3 rations de riz, 1 ration de légumes secs, 4 rations de sel, sucre et café, 2 rations de viande de conserve, 2 rations de potage condensé. Le soldat porte, de plus, *la part qui lui revient* dans les objets d'un usage commun, soit :

Par *escouade* : 4 jeux de brosses, 4 boîtes à graisse, 4 marmites, 4 gamelles, 1 hachette, 2 sacs à distribution, 2 seaux ;

Par *demi-section* : 1 moulin à café.

3° Chaque homme porte dans le sac et dans les cartouchières, en tout, 120 cartouches modèle 1886.

Un certain nombre d'hommes portent les outils indiqués page 120.


**§ 11. — Prêt d'effets. — Propriété des effets.** — Il est formellement interdit de se prêter des effets d'habillement, de grand équipement et d'armement.

Aucun effet ou objet n'est la propriété de l'homme. La perte par négligence d'un effet ou

---

(1) Voir la composition de la trousse page 67.

objet quelconque expose à une punition disciplinaire et même au conseil de guerre pour dissipa-
tion d'effets.

**§ 12. Effets civils.** — Les hommes appelés
pour plus d'un an et les engagés volontaires doivent se défaire des effets civils qu'ils ne peuvent
pas utiliser.

Les hommes appelés pour un an (ainsi que les
réservistes et territoriaux) nettoient les effets civils
qui doivent être empaquetés et déposés au magasin pour être repris le jour du renvoi dans les
foyers.

Les hommes appelés pour un an peuvent même
obtenir l'autorisation de renvoyer leurs effets
civils chez eux, à leurs frais, à condition de les
faire revenir au moment de leur libération.

# CHAPITRE V

## Tir et armement.

---

**§ 1. Règles de tir du fusil modèle 1886. —** De 0 à 250 mètres, viser par le cran de mire du pied de la planche (planche rabattue en avant);

De 250 à 800 mètres, viser par le cran de mire de l'arrière de la planche couchée sur son pied, le curseur placé sur le gradin qui marque la distance ou qui s'en rapproche le plus. (*Exemple :* de 250 mètres à 400 mètres, prendre 400 mètres; de 450 à 550 mètres, prendre 500 mètres, etc.) ;

De 800 à 900 mètres, viser par le cran de mire du curseur (planche levée, curseur baissé, ligne de mire de 900 mètres) ;

A partir de 900 mètres et jusqu'à 1900 mètres, viser par le cran de mire du curseur, après avoir placé le bord supérieur du curseur à la division qui marque la distance indiquée.

A 2,000 mètres, viser par le cran supérieur de la planche levée.

**§ 2. Pointage sur le chevalet. —** Pour que la ligne de mire soit bien prise, il faut que le guidon apparaisse dans le cran de mire (fusil 1886) comme dans la figure 1 ci-dessous.

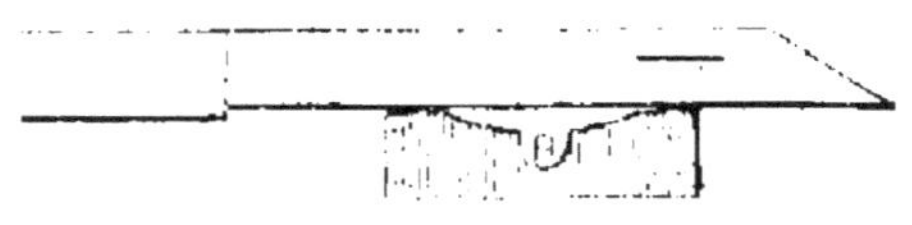

Fig. 1.

Quand le soldat vise un point marqué, le guidon doit apparaître en même temps dans le cran

Fig. 2.

de mire et sous le cercle noir comme dans la figure 2 ci-dessus.

§ **3. Tirs à la cible**. — Les hommes de l'armée active brûlent 88 cartouches en 15 tirs individuels (dont 2 à répétition) à des distances qui varient entre 100 et 600 mètres.

Les réservistes et territoriaux convoqués exécutent 3 tirs individuels dont 1 à répétition (à 200, 300 et 350 mètres).

Les trois premiers tirs de l'armée active sont dits *préparatoires*, les huit suivants sont dits *d'instruction*; les quatre derniers sont dits *d'application*.

Il y a, en outre, des *tirs collectifs* et des *tirs de combat*.

Les tirs préparatoires, les tirs d'instruction et le tir de concours dont il sera parlé au § 7, ont lieu en tenue d'exercice, sans sac.

Les tirs d'application et les tirs collectifs sont faits en tenue d'exercice avec le sac chargé.

Les tirs de combat s'exécutent en tenue de campagne.

**§ 4. Corrections de pointage.** — Le meilleur tireur ne peut obtenir de résultats, s'il ne sait pas apprécier les distances pour prendre la bonne hausse.

Même quand on a la hausse exacte, comme, par exemple au tir à la cible, il est nécessaire de faire des corrections de pointage, c'est-à-dire de viser :

Plus à droite si le vent vient de droite ;

Plus à gauche si le vent vient de gauche ;

Plus haut si le vent vient d'avant, s'il fait froid, s'il pleut ou si le temps est humide ;

Plus bas si le vent vient d'arrière ou s'il fait chaud.

**§ 5. Règles pour l'exécution des feux.** — Le soldat ne doit jamais poser les cartouches à terre ; il doit toujours les prendre dans la cartouchière.

Au combat, il doit utiliser les points d'appui qui sont à sa portée et se conformer *rigoureusement* aux règles suivantes :

1° Ne charger l'arme qu'au moment de faire feu ;

2° N'ouvrir le magasin que sur l'ordre d'un officier (ou du chef de la troupe, si c'est une petite fraction isolée) ;

3° Ne tirer que lorsque l'ordre en est donné et ne brûler que le nombre de cartouches prescrit ;

4° Diriger tous ses coups sur l'objectif indiqué par le chef et ne plus perdre de vue cet objectif ;

5° Prendre exactement la hausse indiquée ;

6° Viser le pied du but si c'est un homme à pied, viser à hauteur du poitrail du cheval si c'est un cavalier ;

7° Cesser de tirer à l'instant même où l'ordre est donné de cesser le feu.

Le soldat isolé ne doit pas tirer à plus de :
200 mètres sur un homme abrité ou couché ;
300 mètres sur un homme debout ou à genou ;
450 mètres sur un cavalier isolé ;
600 mètres sur un groupe de 4 hommes au plus.

S'il n'est pas sûr de la distance appréciée, il doit prendre une hausse plutôt inférieure que supérieure pour se ménager le bénéfice des ricochets.

Pendant le combat, quand le magasin se trouve désapprovisionné, le soldat doit profiter du premier moment d'arrêt pour l'approvisionner.

§ **6. Classement des tireurs**. — Les tireurs sont divisés en 3 classes : **1**ʳᵉ classe, hommes qui ont obtenu 75 points au moins ; 2ᵉ classe, ceux qui ont de 35 à 74 points ; 3ᵉ classe, ceux qui ont moins de 35 points. (Les résultats des tirs préparatoires ne comptent pas pour le classement des tireurs.)

Les tireurs de 1<sup>re</sup> classe sont dispensés des exercices de pointage sur le chevalet. Ils portent l'*insigne de tir* (un cor de chasse en drap) sur la manche gauche de la capote, de la tunique et de la veste.

Un tableau des tireurs de 1<sup>re</sup> classe est affiché dans les chambres de la compagnie.

**§ 7. Prix de tir.** — Il y a les *prix de tir de l'année* et les *prix de tir du concours.*

*Prix de tir de l'année.* — Le tireur qui a obtenu le plus grand nombre de points aux tirs individuels reçoit un cor de chasse en argent doré avec épinglette et chaîne en argent et un cor de chasse brodé.

Les meilleurs tireurs suivants (à raison d'un par 50 hommes comptant à l'effectif du régiment) reçoivent un cor de chasse brodé. (Les adjudants et sergents-majors concourent pour le premier prix de l'année, mais non pour les cors de chasse brodés.)

*Prix de tir du concours.* — Les meilleurs tireurs de 1<sup>re</sup> classe (caporaux et soldats), concourent ensemble pour les prix suivants :

Une épinglette avec cor de chasse en argent doré, par 200 hommes comptant à l'effectif, (une de ces épinglettes porte un cor de chasse en argent doré, elle est attribuée au tireur classé le premier au concours).

Les prix de tir de l'année et de concours sont mis à l'ordre du régiment. Une copie de cet ordre est affichée à la salle des rapports. Inscription de toutes les récompenses est faite sur le feuillet de tir du livret individuel des hommes.

Les chefs de corps accordent aux meilleurs tireurs toutes les faveurs compatibles avec l'intérêt du service.

Les épinglettes sont la propriété des tireurs à qui elles ont été décernées ; ils les portent pendant toute la durée du service militaire (armée active, réserve et armée territoriale).

Les cors de chasse brodés ne sont conservés une seconde année que si le tireur est encore de 1re classe.

Les hommes qui portent le cor de chasse brodé ou l'insigne de tir au moment de leur passage dans la réserve le reprennent quand ils sont rappelés.

**§ 8. Entretien de l'armement.** — Le fusil modèle 1886 ne doit jamais être lavé à l'eau.

Après chaque tir (à balle ou à blanc), la culasse mobile et le mécanisme à répétition sont enlevés de la boîte de culasse et les différentes parties du fusil sont nettoyées et graissées de la manière suivante :

*Intérieur du canon.* — Les résidus sont enlevés au moyen d'une ficelle et d'un chiffon sec (ou, au besoin, imbibé d'huile) fixé par un nœud au milieu de la ficelle. Cinq ou six passes de nettoyage suffisent pour que l'intérieur du canon reprenne son aspect lisse et brillant. On graisse ensuite le canon en remplaçant le chiffon qui a servi au nettoyage par un chiffon propre et gras que l'on passe dans le canon de la même manière que pour le nettoyage. L'aminci circulaire et l'entrée de la chambre sont nettoyés soigneusement avec des curettes en bois tendre. La chambre est graissée légèrement. Mettre une goutte d'huile au bout de la vis-éjecteur, sur la rampe du rempart, sur la rampe de dégagement et la butée de la culasse mobile.

*Extérieur du canon.* — Passer une pièce grasse sur toutes les parties extérieures du canon et de la boîte de culasse. En graissant la hausse, faire jouer le curseur, coucher la planche en avant, mettre une goutte d'huile à la charnière, fermer la planche de hausse sur le pied de la hausse.

*Culasse mobile.* — Nettoyer très soigneusement toutes les pièces, les graisser, puis remonter la culasse. Mettre une goutte d'huile à la griffe de l'extracteur, au canal de la tête mobile, à la pointe du percuteur, aux crans du chien.

*Mécanisme de répétition.* — (N'est démonté pour être nettoyé que lorsque son fonctionnement laisse à désirer). Essuyer et graisser les surfaces extérieures des pièces. Mettre une goutte d'huile, au fond, sur le bec et au talon de l'auget, sur la griffe d'arrêt de cartouche, sur le butoir d'auget, sur le piston du magasin, la tête de gâchette et les bossettes de la détente.

*Monture.* — L'essuyer avec un linge sec. Enlever la rouille qui se serait attachée au bois en frottant avec un morceau de drap imbibé d'huile. Le magasin ne doit jamais être démonté par le soldat.

Si, à la suite de pluie, le bois a pris un aspect rugueux, le frotter avec un chiffon huilé.

*Baïonnette et pièces en fer et en acier non bronzées.* — Si elles ne sont pas rouillées, les frotter avec un linge sec. Si elles sont rouillées, les frotter avec un linge huilé. Au besoin, mettre d'abord un peu d'huile sur la rouille et la laisser s'imbiber quelques instants avant de frotter.

Si ces deux moyens ne sont pas suffisants, employer la brique pilée, tamisée et délayée dans la graisse, frotter avec une brosse rude ou un linge, essuyer ensuite avec un linge sec.

Nettoyer avec soin les pas de vis et les encastrements et mettre une goutte d'huile aux pas des vis.

Si la rouille ne peut être enlevée au moyen de la brique, rendre compte au sous-officier de section, qui fera porter la pièce chez l'armurier.

Le poli brillant pour les pièces en fer ou en acier est défendu.

*Pièces en fer ou en acier bronzées ou bleuies.* — Défense d'employer la brosse et, à plus forte raison, la brique pilée. Si une de ces pièces est rouillée se servir de morceaux de linge ou de drap très propres, légèrement graissés. Essuyer parfaitement et graisser ensuite légèrement avec un peu d'huile d'olive (ou de graisse).

*Pièces en laiton ou en bronze de nickel.* — La

tête de la petite baguette et la poignée de la baïonnette se nettoient avec du tripoli ou de la brique pilée et un peu de vinaigre ou d'eau-de-vie ; frotter avec un linge ou un morceau de drap et jamais avec une brosse. Ne pas graisser ces pièces.

Après un exercice ordinaire, enlever la culasse mobile, l'essuyer extérieurement et la graisser sans la démonter. Passer, avec la ficelle, dans l'intérieur du canon, un chiffon sec, puis un chiffon gras. Si l'arme a été mouillée, ou si elle a été exposée à une forte poussière, démonter la culasse, la nettoyer complètement, puis la graisser et la remonter.

Par le froid, ne pas essuyer les armes aussitôt après être rentré. Ouvrir la culasse et placer l'arme au râtelier. Essuyer quelques minutes après et graisser ensuite légèrement.

Renouveler le graissage des armes au râtelier au moins une fois par semaine.

Avant de se servir des armes, les essuyer très soigneusement avec un linge sec.

Quand on les met au râtelier, placer le chien à l'abattu et le bouton quadrillé à sa position avant.

# CHAPITRE VI

## Service de garde.

---

**§ 1. Tenue.** — Le soldat commandé de garde doit se faire raser et se mettre dans une tenue parfaite, le sac chargé réglementairement, jugulaire sous le menton et gants.

**§ 2. Devoirs au poste.** — Au poste, le soldat place son sac et son fusil à la place qui lui est indiquée par les gradés. Il garde toujours son équipement, même la nuit et pour aller en corvée. Il ne joue pas et ne s'absente du poste qu'avec la permission du chef de poste.

En hiver, il ne se chauffe pas trop près du poêle avant d'aller en faction.

**§ 3. Devoirs des sentinelles en général.** — Les sentinelles ont toujours le sac au dos et la baïonnette au canon; elles peuvent être l'arme au pied ou au port d'armes, ou bien l'arme sur l'une ou l'autre épaule.

Elles ne doivent jamais quitter l'arme ni la mettre à la bretelle.

Elles doivent garder toujours une attitude militaire. Il leur est défendu de s'asseoir, de lire, de siffler, de chanter ou de fumer, de parler à qui que ce soit sans nécessité et de s'écarter de leur guérite à plus de 30 pas. Elles ne laissent pas faire des ordures ou des dégradations aux environs du poste.

Les sentinelles ne se laissent relever que par les caporaux ou fonctionnaires caporaux du poste ; elles ne répètent leur consigne ou n'en reçoivent de nouvelles qu'en présence du chef de poste, du sergent ou des caporaux du poste.

Elles sont constamment attentives à tout ce qui se passe en vue de leur poste, même lorsque le mauvais temps les oblige à rester dans la guérite. Elles sortent de leur guérite toutes les fois qu'elles voient venir un officier général, les officiers de visite des postes revêtus de leur insigne (jugulaire), une troupe quelconque, des autorités en corps, enfin, toutes les fois qu'elles ont à rendre des honneurs, qu'elles entendent du bruit, ou que, pendant la nuit, elles entendent quelqu'un s'approcher d'elles.

Les sentinelles doivent protection, mais sans quitter leur poste, à tout individu dont la sûreté est menacée.

S'il arrive qu'une sentinelle ait besoin de se faire relever, elle crie : *Caporal, venez relever !* à la sentinelle la plus voisine du poste qui transmet le cri de manière qu'il arrive au poste.

Lorsqu'une sentinelle aperçoit un incendie, elle crie, à plusieurs reprises : *Au feu !* Lorsqu'elle entend du bruit ou voit commettre un délit ou du désordre, lorsqu'un individu est poursuivi par la clameur publique, en un mot, quand la sentinelle juge que le poste devrait intervenir, elle crie : *A la garde !* à la sentinelle la plus voisine qui transmet le cri au poste.

Pour rendre les honneurs, les sentinelles s'arrêtent, font face du même côté que leur guérite, restent l'arme au pied, portent ou présentent l'arme, lorsque la personne à qui l'on doit ces honneurs est arrivée à six pas, et restent en position jusqu'à ce que ladite personne ait dépassé de six pas.

Les sentinelles aux portes ou aux barrières veillent à ce que les voitures n'encombrent jamais le passage.

Toute sentinelle insultée par un militaire, quel que soit son grade, ou par tout autre individu, l'arrête ou le fait arrêter sur-le-champ et conduire au poste. Si elle est frappée, elle fait usage de ses armes.

**§ 4. Devoirs particuliers à la sentinelle devant les armes.** — La sentinelle devant les armes crie : *Aux armes !* lorsqu'elle entend battre ou sonner la générale, lorsqu'elle aperçoit une *troupe armée*, les *officiers de visite des postes* et toute personne ou tout corps constitué pour lequel la garde doit prendre les armes, c'est-à-dire :

Le Président de la République,
Le Sénat,
La Chambre des députés,
Le Conseil d'État,

La Cour de cassation,
La Cour des comptes,
Le Président du Sénat,
Le Président de la Chambre des députés,
Les Ministres,
Les Maréchaux et Amiraux,
Les Généraux en chef, de division ou de brigade,
Les Vice-Amiraux et Contre-Amiraux,
Le Commandant d'armes,
Les Majors généraux de la Marine,
Les Préfets en costume officiel,
Les Cours d'appel,
Les Cours d'assises,
Les Tribunaux de 1re instance,
Les Corps municipaux,
Les Corps académiques,
Les Tribunaux de commerce,

} en costume officiel.

**§ 5. Sentinelle de la garde de police.** — La sentinelle de la garde de police a les mêmes devoirs que les autres sentinelles.

De plus, elle crie : *Aux armes !* lorsque le chef de corps vient au quartier ; elle s'oppose à ce qu'aucune personne ne sorte de la caserne avec un paquet ou une arme, sans l'autorisation du sergent de garde ; elle ne laisse entrer aucun civil ni aucun sous-officier, caporal ou soldat étranger au corps, sans l'autorisation du sergent.

Si un paquet est jeté hors du quartier, la sentinelle prévient le sergent ou le caporal de garde.

Après l'appel du soir, elle fait passer au poste les militaires de tout grade qui rentrent au quartier ou qui en sortent.

Après l'extinction des feux, la sentinelle avertit

le sergent ou le caporal de garde si elle voit des feux dans les chambres des soldats.

**§ 6. Le mot.** — Le mot est l'ensemble de deux noms; le premier (mot d'ordre), est le nom d'un grand homme, d'un général célèbre ou d'un brave mort au champ d'honneur; le second (mot de ralliement), est le nom d'une bataille, d'une ville ou d'une vertu civique ou guerrière.

Les caporaux doivent communiquer le mot de ralliement aux sentinelles.

**§ 7. Patrouilles et rondes.** — Les patrouilles ont lieu généralement la nuit.

Les rondes sont toujours faites la nuit.

Il y a quatre sortes de rondes : 1° *ronde de sous-officier;* 2° *ronde d'officier* (de capitaine, lieutenant ou sous-lieutenant) ; 3° *ronde major* (du major de la garnison ou d'officier supérieur); 4° *ronde du commandant d'armes.*

Les officiers et sous-officiers de ronde reçoivent, du poste où ils partent, un falot allumé qu'ils font porter devant eux par un soldat armé.

**§ 8. Reconnaissance des troupes ou patrouilles et des rondes.** — Lorsque la sentinelle *devant les armes* aperçoit, la nuit, une troupe armée (troupe quelconque ou patrouille), elle crie : *Halte-là! aux armes!*

La troupe s'arrête et un des caporaux du poste vient reconnaître. La sentinelle porte les armes.

Lorsque la sentinelle devant les armes aperçoit pendant la nuit une ronde, elle l'arrête par le cri de : *Halte-là!* pour lui demander à haute voix : *Qui vive!* Quand il lui est répondu : (*telle*) *Ronde!* la sentinelle crie : *Caporal! (telle) ronde!* et un caporal du poste vient reconnaître la ronde. La sentinelle porte les armes.

Les sentinelles qui ne sont pas devant les armes arrêtent les troupes ou patrouilles et les rondes par le cri de : *Halte-là!* La troupe, patrouille ou ronde, s'étant arrêtée, les sentinelles crient : *Qui vive!* Quand on leur a répondu, elles crient : *Avance au ralliement!* et croisent la baïonnette. Elles reçoivent le mot de ralliement du chef de la troupe, ronde ou patrouille, qui doit s'avancer seul.

Les sentinelles ne donnent jamais le mot.

**§ 9. Consigne spéciale pour la nuit.** — Lorsque, par suite d'une consigne spéciale, les sentinelles ne doivent pas se laisser approcher pendant la nuit, elles crient : *Halte-là!* d'une voix forte, à toutes les personnes qui s'approchent. Si on ne s'arrête pas, les sentinelles répètent une seconde fois : *Halte-là!* Si on s'arrête, elles crient : *Qui vive!* et s'il ne le leur est pas répondu : *Ronde! Patrouille!* ou (*tel*) *Corps!*, les sentinelles crient : *Au large!*

Si, après qu'elles ont crié deux fois : *Halte-là!* on continue à s'avancer sans leur répondre, les sentinelles croisent la baïonnette et empêchent de passer.

**§ 10. Cas d'alarme.** — Dans les cas d'alarme, de trouble ou d'attaque (en tout temps, pour les sentinelles qui ont reçu l'ordre de charger les armes), si l'on continue à s'avancer après le deuxième cri de : *Halte-là !* les sentinelles crient : *Halte-là, ou je fais feu !* et, si on continue à s'avancer, elles font feu et appellent la garde.

**§ 11. Honneurs à rendre par les sentinelles.** — Les honneurs sont dus aux officiers et fonctionnaires militaires, quelle que soit leur tenue, pourvu qu'ils soient en tenue militaire.

Les sentinelles gardent l'immobilité, la main dans le rang et l'arme au pied, pour :

Les adjudants (et assimilés aux adjudants) de l'armée de terre et de mer ;

Les aspirants de 2ᵉ classe de la marine ;

Les employés militaires de l'artillerie et du génie ayant rang de sous-officier (portiers-consigne, gardiens de batterie, etc.) ;

Les décorés de la médaille militaire porteurs de leur décoration (qu'ils soient militaires ou civils).

Les sentinelles portent les armes :

Aux capitaines, lieutenants et sous-lieutenants,

Aux officiers de la marine militaire (1, 2 ou 3 galons),

Aux médecins militaires, pharmaciens militaires et vétérinaires militaires (1, 2 ou 3 galons),

Aux adjoints de l'intendance (3 galons),

Aux officiers d'administra-
    tion,
Aux adjoints du génie,
Aux gardes d'artillerie,
Aux archivistes d'état-major,
Aux contrôleurs d'armes,
Aux interprètes militaires,

> ayant rang de capi-
> taine, de lieutenant
> ou de sous-lieute-
> nant,

Aux chefs de musique,
Aux chevaliers et officiers de la Légion d'honneur,
    porteurs de leur décoration (qu'ils soient militaires
    ou civils),
Au passage d'un convoi funèbre,
Au passage d'une manifestation extérieure du culte
    catholique, du culte protestant ou du culte israé-
    lite,
A la Cour d'assises,
Au tribunal de 1re instance,
Au corps municipal,
Aux corps académiques,
Au tribunal de commerce,

> en corps ou en dépu-
> tation.

## Les sentinelles présentent les armes :

Au Président de la République,
Aux drapeaux et étendards,
Aux Ministres,
Aux Sénateurs,
Aux Députés,
Aux Conseillers d'État,

> en costume officiel ou
> revêtus de leurs
> insignes,

Aux grands-croix, grands officiers et commandeurs
    de la Légion d'honneur, porteurs de leur décora-
    tion (qu'ils soient militaires ou civils),
Aux maréchaux et amiraux,
Aux officiers généraux,
Aux officiers supérieurs,
Aux préfets en costume officiel.

Aux médecins et pharma-<br>
ciens militaires,<br>
Aux fonctionnaires de l'in-<br>
tendance,<br>
} assimilés aux officiers supérieurs ou généraux,

Aux vétérinaires militaires assimilés aux officiers supérieurs,

Aux officiers d'administra-<br>
tion,<br>
Aux adjoints du génie,<br>
Aux gardes d'artillerie,<br>
Aux archivistes d'état-major,<br>
Aux contrôleurs d'armes,<br>
Aux interprètes militaires,<br>
} ayant le rang d'officier supérieur,

A la Cour de cassation,<br>
A la Cour des comptes,<br>
Aux cours d'appel,<br>
} en corps ou en députation.

La personne qui reçoit les honneurs doit saluer. Les honneurs ne sont rendus que du lever au coucher du soleil.

**§ 12. Piquet d'incendie.** — Il est commandé tous les jours, dans chaque corps ou détachement, une fraction dite de *piquet d'incendie*. Les hommes de la troupe de *piquet d'incendie* ne sortent pas du quartier.

**§ 13. Salut et honneurs à rendre par des militaires isolés ou de petits détachements.** — En passant devant une troupe en armes, les militaires armés du fusil portent l'arme sans s'arrêter.

Quand une troupe armée rencontre un supérieur du grade d'officier subalterne ou d'officier supérieur, le chef de la troupe salue en portant seul l'arme, sans s'arrêter.

Si une troupe armée rencontre un officier général, son chef fait porter les armes sans arrêter et porte lui-même l'arme.

Si une troupe armée rencontre un convoi funèbre ou se trouve en présence d'une manifestation extérieure d'un culte reconnu (catholique, protestant ou israélite), le chef de la troupe fait porter les armes sans arrêter, et porte lui-même l'arme.

Si un officier général vient à passer devant une troupe en armes arrêtée, son chef fait porter les armes.

Si un convoi funèbre ou la manifestation extérieure d'un culte reconnu viennent à passer devant une troupe en armes arrêtée, son chef fait porter les armes.

Une troupe armée, passant devant un poste, porte les armes la première.

Deux troupes armées se rencontrant portent les armes toutes les deux, sans s'attendre, et appuient à droite.

Quand une troupe en armes, ou sans armes, rencontre un drapeau ou un étendard, le chef seul porte les armes et salue.

Quand une troupe sans armes rencontre un supérieur du grade d'officier subalterne, supérieur ou général, le chef de la troupe seul salue. D'ailleurs, les hommes dans le rang ne saluent jamais.

Les hommes armés, dans le rang, attendent toujours le commandement du chef pour rendre les honneurs.

# CHAPITRE VII

## Service en campagne
## [*ou* aux grandes manœuvres] (1).

---

**§ 1er. Cantonnements. Bivouacs.**— On appelle *cantonnements* les lieux habités que les troupes occupent sans y être casernées.

La troupe est arrêtée à l'entrée du cantonnement et personne ne doit y entrer avant que le chef de la colonne n'ait donné des ordres. Lorsque l'ordre d'entrer est donné, les compagnies sont guidées vers leurs quartiers par les fourriers qui ont préparé l'installation. Les hommes cantonnés ont droit à l'abri, au feu et à la lumière. Si l'ordre en est donné, ils peuvent être nourris par l'habitant.

Les habitants ne sont jamais délogés de la chambre et du lit où ils ont l'habitude de coucher.

Les numéros des compagnies, sections et escouades, et les noms des officiers sont inscrits à

---

(1) Tout ce qui concerne les marches s'applique également aux routes ordinaires pour changer de garnison, pour se rendre sur le terrain des grandes manœuvres, etc., etc.

la craie sur les portes des maisons où ils sont logés.

On appelle *bivouacs* les lieux où les troupes s'établissent pour un séjour généralement très court, sous des abris improvisés ou en plein air, et, dans certains cas, sous la petite tente.

## § 2. Service dans les cantonnements et les bivouacs.

— Au cantonnement comme au bivouac, les hommes doivent toujours être prêts à prendre les armes au premier signal.

Les limites fixées par le commandant du cantonnement ou du bivouac ne sont franchies sous aucun prétexte.

Dans chaque régiment d'infanterie, une compagnie est commandée de jour pour fournir la garde de police, le *piquet* et les autres gardes intérieures. (Dans un bataillon détaché, un peloton seulement est de jour.)

A l'heure de la garde montante, la fraction qui doit prendre le jour se rassemble en armes. (Les hommes non commandés de garde ou de service laissent leurs tentes et abris dressés.) Après l'inspection et le défilé, la garde va prendre son service, et le reste de la fraction de jour, c'est-à-dire le piquet, rentre dans son cantonnement ou son bivouac.

Si ce n'est pour le service, les hommes de piquet ne doivent pas sortir de leur cantonnement ou de leur bivouac, afin de pouvoir être rassemblés très rapidement, sans sonneries ni batteries. Ils couchent dans leurs logements. tentes ou abris, mais sans se déshabiller ni se deséquiper. Leurs sacs sont toujours prêts à être chargés. Les appels et inspections du piquet ont toujours lieu sac au dos. Le piquet n'assiste pas, généralement, aux exercices et aux revues.

Au cantonnement, les capitaines indiquent, à leur compagnie, un *lieu de ralliement* où les hommes doivent se rendre isolément au premier signal, de jour ou de nuit. Au cantonnement comme au bivouac, les sacs doivent être faits tous les soirs.

Au cantonnemennt et au bivouac, il est fait *trois appels* par jour :

Le premier, une demi-heure après le réveil, par les caporaux, en présence de l'officier de jour, devant le logement de l'escouade, au cantonnement, (ou devant les tentes ou abris, au bivouac) ;

Le deuxième a lieu dans la journée, sac au dos, en armes (les tentes et abris restent dressés), au lieu de ralliement de la compagnie, au cantonnement (sur l'emplacement des faisceaux, au bivouac). Tous les officiers sont présents. Les capitaines passent l'inspection des armes, des munitions, des vivres de réserve et de la chaussure ;

Le troisième a lieu une demi-heure après la retraite, dans les mêmes conditions que le premier.

Après l'appel du soir, les hommes ne doivent plus quitter leur logement ou leur bivouac sans permission.

La cuisine se fait par escouade. On ne consomme les vivres du sac que lorsque l'ordre en est donné

Au cantonnement, les soldats doivent respecter rigoureusement tout ce qui appartient aux habitants ; ils ne doivent se servir d'aucun objet ou ustensile sans en avoir obtenu l'autorisation du propriétaire ; ils n'exigent que ce qui leur est dû et, en cas de mauvaise volonté des habitants, ils adressent des réclamations à leurs officiers ou sous-officiers.

Au bivouac, si on a des tentes, tenir l'intérieur très propre. Répartir sur le sol de la paille, ou, à défaut de paille, de l'herbe sèche, de la mousse, du foin, des feuilles sèches, etc. Ne jamais se coucher sur des plantes aromatiques ou odorantes ni sur des joncs ou plantes vertes qui croissent dans les endroits marécageux. Remuer la paille tous les jours, l'exposer au grand air, ainsi que tous les effets. Ouvrir les tentes du côté du soleil. Porter au loin les ordures. Ne pas uriner près des tentes. Ne sortir la nuit qu'entièrement vêtu et chaussé. Quand on quitte un cantonnement ou un bivouac, éteindre les feux, mais ne brûler ni la paille ni les abris.

**§ 3. Devoirs des sentinelles, au cantonnement et au bivouac. —** La sentinelle du colonel a *toujours* pour consigne d'avertir le colonel de tout mouvement extraordinaire, de jour comme de nuit, soit au dedans, soit au dehors du bivouac ou du cantonnement. Elle ne doit laisser prendre le drapeau que par le porte-drapeau, accompagné de deux hommes armés.

La sentinelle des caissons ne garde que les caissons. La sentinelle des équipages surveille principalement les voitures de vivres et d'effets.

Toutes les sentinelles (du front, des flancs et de l'arrière), empêchent les sous-officiers, caporaux et soldats de sortir la nuit du cantonnement ou du bivouac, si ce n'est pour aller aux latrines. Elles arrêtent, de jour, les individus suspects qui rôdent autour du cantonnement ou du bivouac, et, la nuit, tous ceux qui cherchent à y entrer.

La sentinelle devant les armes surveille les prisonniers ; elle ne les perd pas de vue et ne les laisse aller aux latrines qu'un à un, sous l'escorte d'un soldat armé.

§ **4. Marches.** — Lorsque l'ordre de partir est donné, les soldats doivent remplir leur petit bidon d'eau, mélangée, si c'est possible, de vin ou de café, et s'assurer qu'ils n'oublient rien de ce qui leur a été confié (effets, munitions, vivres, outils, objets de campement, etc., etc.).

Si on doit faire le café à la grande halte, chaque soldat place un petit fagot de bois sur son sac.

Les hommes susceptibles de se blesser graissent les parties délicates avec du suif, la veille du départ.

Ne jamais partir à jeun ; avoir toujours quelque chose à manger pour la grande halte.

La marche a lieu habituellement au pas de route, par le flanc, sur le côté droit de la route. Pendant la marche, il est défendu de tirer des armes à feu, de siffler, de crier : *Marche*, ou : *Halte*, de s'arrêter individuellement aux ruisseaux et aux puits, de quitter les rangs en traversant les villages.

Pendant la marche, les soldats qui ont un besoin absolu de s'arrêter demandent la permission à un officier ou à un sous-officier, et laissent leur fusil à un camarade. Ils sont tenus de rejoindre promptement.

On peut boire pendant la marche, mais sans excès ; il faut s'en abstenir pendant les repos et aussitôt après l'arrivée. Ne pas faire usage de boissons alcooliques et prendre, de préférence, du café mélangé avec beaucoup d'eau.

Si l'on est obligé de boire de l'eau impure, la passer à travers un linge propre.

Quand le soleil est trop chaud, placer un mouchoir (blanc de préférence) entre la tête et la coiffure.

Après 50 minutes de marche, il est fait une halte de 10 minutes, dite *halte horaire*. Au coup de sifflet de leur capitaine seulement, les hommes s'arrêtent, dédoublent, forment les faisceaux et déposent les sacs.

Pour faire reprendre la marche, le capitaine donne un premier coup de sifflet. Les hommes mettent sac au dos, rompent les faisceaux et se forment par le flanc, l'arme à la bretelle, prêts à partir. Au second coup de sifflet du capitaine, ils se mettent en marche au pas de route.

Aux repos, éviter les endroits humides ou trop frais ; ne pas s'étendre sur l'herbe. Si l'on est en transpiration, ne pas s'exposer au vent. Si l'on se sent refroidir, marcher.

6

*Grande halte*. — Quand l'étape est un peu longue, il est fait une grande halte, pendant laquelle les hommes font un léger repas de viande froide ou de café.

**§ 5. Honneurs pendant la marche.** — En marche et pendant les haltes, il n'est rendu d'honneurs qu'au commandant en chef.

**§ 6. — Marches de nuit.** — Dans les marches de nuit, observer le plus grand silence; dans certains cas, ne pas fumer.

**§ 7. Précautions hygiéniques.** — Après une longue marche ou un exercice fatigant, ne se dévêtir en arrivant que si l'on veut changer de linge, et, dans ce cas, le faire très rapidement, après s'être mis à l'abri des courants d'air.

Chaque jour, à l'arrivée, se nettoyer les pieds avec un linge humide et les essuyer. Ne pas se laver les pieds à grande eau.

Dès qu'une partie quelconque du pied est pressée par la chaussure, graisser fortement, avec du suif, la partie du pied qui a été pressée et la chaussure à l'endroit où elle frotte. S'il y a écorchure, entourer la plaie solidement avec une bande imbibée d'eau blanche (en demander au porte-sac d'ambulance), et graisser le linge extérieurement. Traverser les ampoules avec un fil graissé passé dans une aiguille, laisser le fil dans l'ampoule et graisser avec du suif.

Après une grande fatigue, suivie de transpiration, ne pas se reposer complètement tout de suite.

Le soir, se coucher tôt, pour se reposer suffisamment; ne jamais se coucher sur le sol même, se procurer de la paille, de l'herbe sèche ou des copeaux. Se couvrir la tête complètement avec la calotte de coton. Oter ses souliers.

## SERVICE DE SÛRETÉ EN CAMPAGNE.

**§ 8. Service de sûreté en marche.** — En campagne, une colonne ne marche pas réunie en un seul groupe; elle se fait protéger, en avant, par une avant-garde; en arrière, par une arrière-garde; sur les flancs, par des détachements (patrouilles, flanc-gardes, etc.).

**§ 9. Avant-garde.** — L'avant-garde d'une colonne se fractionne en quatre échelons : *extrême pointe, pointe, tête* et *gros* de l'avant-garde.

La plus petite colonne, la *compagnie*, aurait une section d'avant-garde, fractionnée de la manière suivante :

1° **2** éclaireurs et **1** caporal, formant l'*extrême pointe ;*

2° A 100 mètres environ en arrière des éclaireurs : le reste de l'escouade qui a fourni les éclaireurs, formant la *pointe d'avant-garde*, sous les ordres d'un sous-officier;

3° A 150 mètres environ en arrière : 1 escouade, formant la *tête d'avant-garde :*

4° A 150 mètres environ en arrière : **2 escouades**, formant le *gros de l'avant-garde*.

Le reste de la compagnie (moins une escouade d'arrière-garde), marcherait à 250 mètres environ, derrière le gros de l'avant-garde.

Fig. 3. — Compagnie isolée en marche.

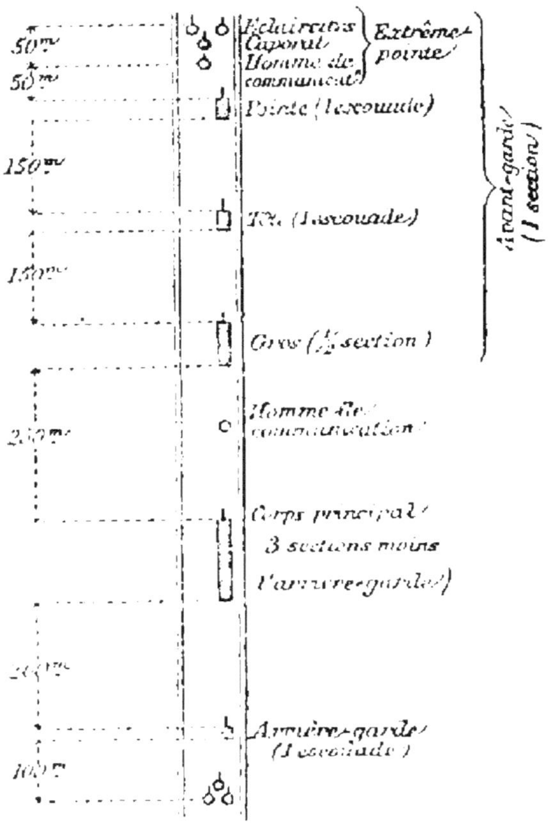

Fig. 4. — Compagnie avant-garde d'un bataillon
marchant isolément.

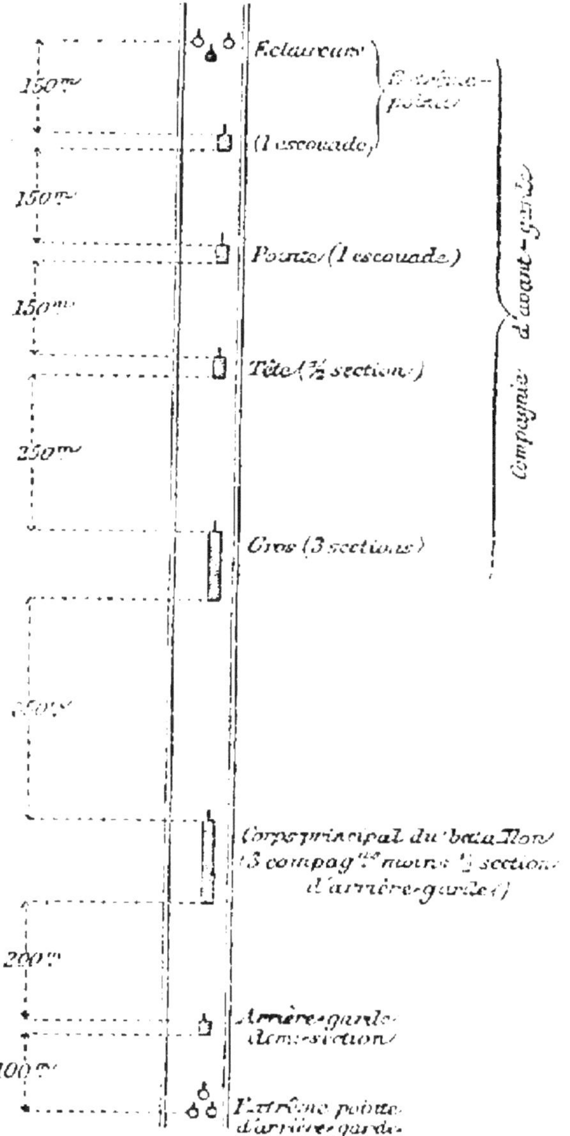

Un *bataillon* marchant isolément aurait une compagnie d'avant-garde, fractionnée de la manière suivante :

1° 1 escouade en *extrême pointe*, détachant en avant 2 éclaireurs ;

2° A 150 mètres environ en arrière : 1 escouade, *pointe d'avant-garde;*

3° A 150 mètres environ en arrière : 1 demi-section, *tête d'avant-garde;*

4° A 250 mètres environ en arrière : les trois autres sections de la compagnie, *gros de l'avant-garde.*

Le reste du bataillon (3 compagnies), moins 1 *demi-section d'arrière-garde,* marcherait à 350 mètres environ derrière le gros de l'avant-garde.

Les divers échelons de l'avant-garde sont reliés entre eux par des *hommes de communication,* chargés de transmettre à la voix les ordres ou les renseignements d'un échelon à l'autre.

**§ 10. Devoirs des éclaireurs de l'extrême pointe.** — Doivent marcher sur les côtés de la route, de manière à être vus le moins possible.

En arrivant près d'une *hauteur,* un des éclaireurs prend les devants et cherche à voir de l'autre côté sans être vu. L'autre éclaireur et le caporal suivent de près.

Quand les éclaireurs rencontrent un *bouquet de bois,* ils le tournent, chacun de son côté, pendant que le caporal et l'homme de communication le traversent.

Si c'est un *petit bois*, le caporal et les deux éclaireurs s'y engagent résolument. L'homme de communication se tient prêt à aller rendre compte.

En arrivant à un *défilé*, le caporal et les éclaireurs le reconnaissent rapidement, le traversent et vont s'établir au delà, à quelque distance, en attendant que la pointe l'ait franchi. Si le défilé est encaissé, le caporal et l'homme de communication suivent le fond, les deux éclaireurs suivent le haut des talus.

En arrivant près d'un *pont*, les éclaireurs doivent regarder le dessous et les voûtes, pour s'assurer qu'il n'a été rien préparé pour détruire le pont.

Les éclaireurs ne se laissent jamais dépasser par des *personnes allant du côté de l'ennemi*. Le caporal envoie ces personnes au chef de la pointe. Il lui envoie aussi les *personnes qui viennent du côté de l'ennemi*.

Quand l'extrême pointe rencontre une *troupe amie*, elle prévient le chef de la pointe, qui vient reconnaître.

Quand la *route est obstruée*, l'extrême pointe rétablit le passage si elle peut, ou bien le caporal prévient la pointe.

En arrivant près d'une *maison*, l'extrême pointe la fouille de la manière suivante : les éclaireurs en font le tour, puis l'homme de communication reste à l'entrée pour surveiller l'extérieur, pendant que le caporal et les éclaireurs pénètrent dedans et font ouvrir toutes les portes par le maître de la maison, qui marche devant eux. Ils visitent d'abord le rez-de-chaussée, les caves ; puis les cours, les écuries; en dernier lieu, les étages.

En arrivant près d'un *village*, pendant le jour, les éclaireurs tâchent de s'emparer d'un habitant, pour le questionner. Si ce moyen manque, les éclaireurs et le caporal traversent le village avec précaution. Si l'ennemi n'est pas signalé, ils prennent position à la sortie et préviennent la pointe, qui est restée de l'autre côté du village, attendant des renseignements. Si l'ennemi est signalé dans le village, les éclaireurs et le caporal prennent position devant l'entrée et préviennent la pointe.

Pendant la nuit, les éclaireurs se glissent jusqu'aux premières maisons du village, s'arrêtent et écoutent. L'un d'eux tâche de pénétrer dans une maison pour interroger les habitants. Au besoin, il en conduit un au caporal, qui rend compte le plus tôt possible à la pointe.

**§ 11. Devoirs de l'arrière-garde.** — L'arrièregarde marche à quelques centaines de mètres de la queue de la colonne. Elle arrête les traînards et les maraudeurs.

**§ 12. Patrouilles de flanc.** — Pour protéger les flancs de la colonne, on envoie des patrouilles de 3 hommes, ou bien des patrouilles plus fortes qui se font alors précéder par une pointe de quelques hommes. Les patrouilles de 3 hommes ne vont guère à plus de 300 mètres; un des 3 hommes est détaché à 50 ou 80 mètres environ, sur le flanc extérieur.

Les patrouilles de flanc doivent se tenir en vue de la colonne ou en communication avec elle.

**§ 13. Haltes gardées.** — Lorsqu'on est près de l'ennemi, ou que la configuration du terrain le rend nécessaire, ou que la halte doit être de quelque durée, le chef de l'avant-garde prend ses dispositions pour la *halte gardée*, c'est-à-dire que les différentes fractions de l'avant-garde prennent des dispositions pour surveiller le terrain environnant L'extrême pointe, ou la pointe, fournit les sentinelles; le gros de l'avant-garde envoie de petits détachements sur les flancs.

L'arrière-garde fait demi-tour et surveille le plus loin qu'elle peut.

---

**§ 14. Service de sûreté en station.** — En campagne, une troupe cantonnée, campée ou bivouaquée, se protège contre les surprises de l'ennemi au moyen d'*avant-postes*, c'est-à-dire de troupes envoyées à une certaine distance du côté de l'ennemi.

Les *avant-postes* ont pour mission de protéger les troupes en arrière et de les renseigner sur l'ennemi.

Il y a les *avant-postes réguliers* et les *avant-postes irréguliers*.

Fig. 5. — Compagnie en grand'garde (avant-postes réguliers).

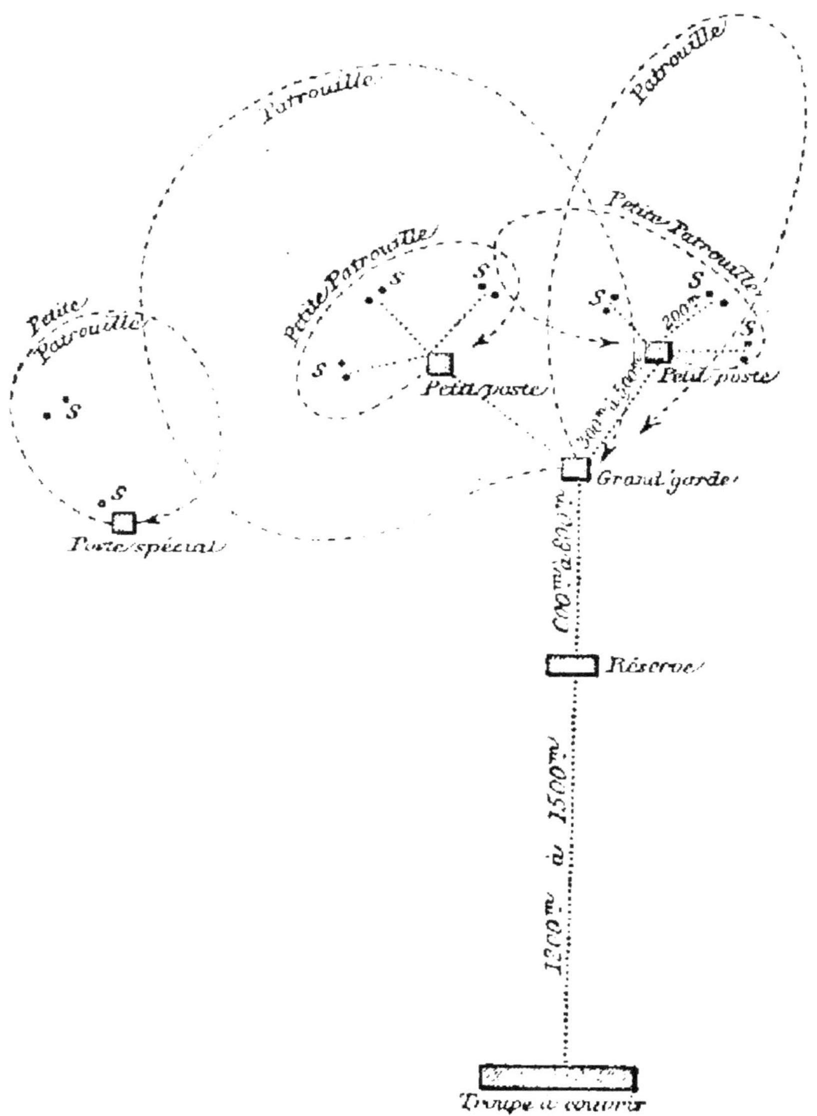

## § 15. Avant-postes réguliers. — Les avant-postes réguliers comprennent (*fig.* 5) :

1° Une *ligne de sentinelles doubles* (2 hommes), espacées de 200 à 300 mètres ;

2° A 200 ou 300 mètres en arrière des sentinelles doubles : une *ligne de petits postes* (escouades, demi-sections ou sections) destinés à fournir les sentinelles ;

3° De 300 à 500 mètres en arrière des petits postes, une *ligne de grand'gardes* (2 sections chacune), destinées à renforcer, à soutenir, et, au besoin à recueillir de petits postes ;

4° (Quelquefois), de 600 à 800 mètres en arrière des grand'gardes, et à 1200 ou 1500 mètres en avant de la troupe à couvrir, une *réserve d'avant-postes*. Quand il n'y a pas de réserve d'avant-postes, la ligne des grand'gardes doit être de 1000 à 1200 mètres en avant du cantonnement, du camp ou du bivouac de la troupe à couvrir.


## § 16. Avant-postes irréguliers. — Les avant-postes irréguliers sont employés dans les pays couverts et accidentés, ou lorsqu'on n'a pas le temps de prendre les avant-postes réguliers avant la nuit.

Les avant-postes irréguliers comprennent (*fig.*6) :

1° Une ligne de *postes de 4 hommes*, commandés par un caporal ou soldat chef de poste, et espacés de 300 à 400 mètres l'un de l'autre ;

2° A 500 mètres environ en arrière des postes

de 4 hommes, et à 1000 ou 1200 mètres en avant de la troupe à couvrir, une *ligne de grand'gardes*.

Fig. 6. -- Compagnie en grand'garde (avant-postes irréguliers).

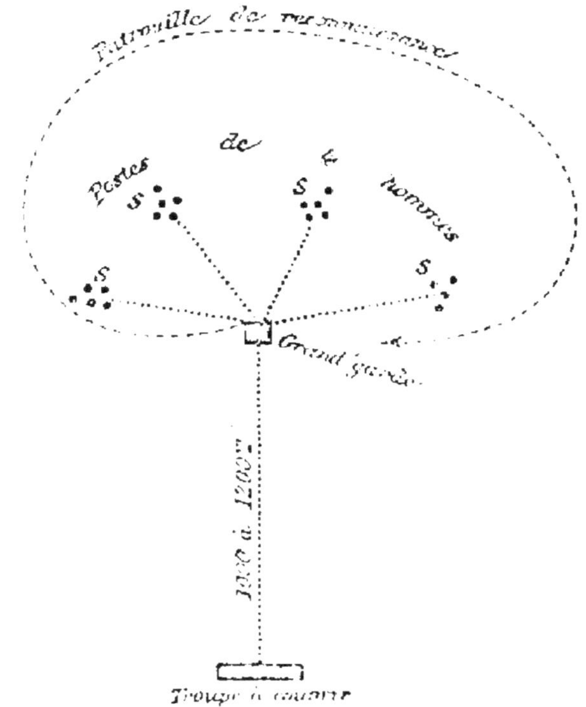


## § **17. Rondes et patrouilles**. — Les sentinelles, les petits-postes, les grand'gardes et la réserve d'avant-postes forment la *partie fixe* du service de sûreté. Les *rondes* et les *patrouilles* en forment la *partie mobile* et le complètent.

Les *rondes* sont faites par un officier ou sous-officier, accompagné de 2 ou 3 hommes armés.

Elles marchent à l'intérieur de la ligne des sentinelles pour surveiller leur service.

Le jour, les sentinelles reconnaissent les rondes sans avoir besoin de leur parler.

La nuit, quand une sentinelle entend quelqu'un approcher, elle crie : *Halte-là!* au besoin deux fois, et, si on ne s'arrête pas, elle fait feu. Si on s'arrête, la sentinelle crie : *Qui vive!* Lorsqu'il lui est répondu : *Ronde de...*, etc., la sentinelle crie : *Avance au ralliement!* Le chef de la ronde doit s'avancer seul et donner le mot de ralliement, autrement la sentinelle fait feu et prévient le petit poste.

Dans le cas où il est ordonné de faire usage de signaux, c'est la sentinelle qui fait la première un signal, au besoin deux. Il doit lui être répondu par l'autre signal convenu, autrement elle fait feu.

Les *patrouilles* sont toujours composées d'au moins trois hommes, commandés par un caporal, un sous-officier ou un officier. Celles de trois hommes sont dites *petites patrouilles;* elles sont fournies par les petits postes et vont tout au plus à 700 ou 800 mètres des sentinelles.

Les hommes marchent séparés les uns des autres pour ne pas être enlevés tous à la fois s'ils tombaient dans une embuscade, mais ils sont assez rapprochés pour pouvoir communiquer facilement entre eux. Ils s'avancent lentement et sans bruit le long des haies ou des murs, ne causent ni ne fument, s'arrêtent souvent pour écouter, s'efforcent de voir le plus possible sans être vus, ne se laissent pas couper la retraite, ne font feu qu'à la dernière extrémité, par exemple, pour prévenir la ligne qu'elle va être attaquée, s'il n'y a plus d'autres moyens de la prévenir.

Les patrouilles de dix à vingt hommes sont fournies par la grand'garde et peuvent aller à 1000 ou 1200 mètres de la ligne des sentinelles. Ces patrouilles se font couvrir par une pointe de trois hommes, qui marche comme les petites patrouilles.

Les patrouilles ne partent jamais sans avoir demandé le *mot* et les *signaux*. Le chef d'une patrouille doit communiquer à tous ses hommes le mot de ralliement et les signaux.

Les patrouilles se font reconnaître comme les rondes.

**§ 18. Consignes et devoirs des sentinelles doubles.** — En plaçant les sentinelles, le chef du petit poste doit leur indiquer : 1° la direction de l'ennemi ; 2° le numéro de la sentinelle même, le numéro et l'emplacement du petit poste et de la grand'garde dont elle dépend ; 3° l'emplacement des sentinelles voisines ; 4° la portion du front à surveiller ; 5° les noms des villages, hameaux, fermes, châteaux, rivières, etc.. qui sont devant le front ; 6° la distance de quelques points marquants des environs de la sentinelle, pour qu'elle puisse prendre la hausse convenable dans le cas où elle aurait à tirer ; 7° le mot et les signaux ; 8° les chemins pour se rendre au petit poste et pour se retirer au besoin.

Le soldat placé en sentinelle doit demander tous

ces renseignements si le chef du petit poste ou le soldat qu'il relève oubliait de les lui donner.

L'un des deux hommes se place derrière un abri et observe ; l'autre va de temps en temps communiquer avec les sentinelles voisines, si le terrain est couvert, et au besoin avec le petit poste.

Les sentinelles doubles ne rendent pas d'honneurs, ne se laissent pas distraire de leur surveillance par l'apparition d'un supérieur, ne déposent pas leur sac, ne s'assoient ni ne se couchent. Elles observent le silence et ne fument pas. Elles ont toujours l'arme prête à faire feu, mais elles ne tirent que *si elles aperçoivent distinctement l'ennemi,* et alors elles tirent, même si elles ne peuvent plus être sauvées, pour prévenir au moins les troupes en arrière.

Si des coups de feu se font entendre sur un point voisin de la ligne, un homme de chacune des sentinelles les plus voisines se porte sans trop s'éloigner dans la direction du coup de feu pour en connaître la cause. Jamais les deux hommes ne s'absentent à la fois.

Les sentinelles doubles sont relevées toutes les heures (ou toutes les deux heures) mais toujours par moitié. Les nouvelles sentinelles se rendent directement à leur poste ; les sentinelles relevées transmettent exactement la consigne, puis elles rentrent directement au petit poste. Elles rendent compte au chef du petit poste.

*Pendant le jour,* les sentinelles laissent sortir des lignes ou y rentrer, sans leur parler, les officiers et les troupes appartenant à la fraction de service aux avant-postes. Elles laissent également sortir, quand ils sont accompagnés d'un gradé du petit poste, les officiers, les détachements, les militaires isolés et les civils. Elles font arrêter les autres et préviennent le petit poste qui vient reconnaître. Si c'est un isolé, un des deux hommes en sentinelle peut le conduire au petit poste, en prenant des précautions.

*Pendant la nuit*, les sentinelles reconnaissent tout ce qui s'approche d'elles, comme elles reconnaissent les rondes et les patrouilles (voir § 17 ci-dessus). Si elles sont obligées de faire feu, elles se replient sur le petit poste par un chemin détourné pour ne pas attirer l'ennemi sur le petit poste.

*De jour comme de nuit*, les sentinelles font feu sur quiconque veut sortir des lignes ou y entrer malgré elles.

S'il se présente un *parlementaire* (personne escortée d'une troupe et précédée d'un cavalier porteur d'un fanion blanc et d'un trompette qui sonne des appels) les sentinelles l'arrêtent, ainsi que son escorte, à bonne distance, les font tourner du côté de l'ennemi et préviennent le petit poste. *Toute conversation avec le parlementaire ou son escorte est rigoureusement interdite.*

S'il se présente *plusieurs déserteurs ennemis*, les sentinelles les arrêtent à bonne distance, leur ordonnent ou leur font signe de déposer leurs armes, de dessangler leurs chevaux et de s'éloigner de leurs armes, puis elles préviennent le petit poste. Les sentinelles font feu sur les déserteurs qui n'obéissent pas.

S'il ne s'agit que *d'un ou deux déserteurs*, un des deux hommes en sentinelle peut les conduire, ap ès qu'ils sont désarmés, au petit poste, en les faisant marcher à quelque distance devant lui, l'arme prête à faire feu.

**§ 19. Service des hommes au petit poste.** — Une patrouille est tenue toujours prête à marcher. Une sentinelle est devant les armes. Elle est relevée toutes les heures Son service consiste à observer les signaux des sentinelles doubles et à les communiquer au chef de poste. Pendant le jour, les hommes qui ne sont pas commandés de patrouille peuvent se reposer, mais sans quitter leur équipement. La nuit, tout le monde veille ; on n'allume pas de feux et on ne fume pas. Les aliments sont apportés tout préparés de la grand'-garde.

**§ 19 *bis*. Service des postes de 4 hommes** (voir *Avant-postes irréguliers*, § 16). — Un des quatre hommes est placé en sentinelle simple, les autres se tiennent, ainsi que le chef de poste, embusqués à quelques pas en arrière. La sentinelle est relevée d'heure en heure ; les postes sont relevés toutes les quatre heures. Défense de causer et de fumer.

**§ 20. Service des hommes à la grand'garde.** — Le quart de l'effectif de la grand'garde est de *piquet*, prêt à marcher au premier signal. Le piquet fournit une sentinelle devant les armes et les hommes nécessaires pour observer les signaux des petits postes. Les hommes qui ne sont pas de piquet bivouaquent au repos.

**§ 21. Service des hommes à la réserve d'avant-postes.** — La réserve a une garde de police. Le reste de la troupe bivouaque ou cantonne, si l'ordre en est donné. Les hommes se reposent. prêts à prendre les armes ; personne ne doit s'éloigner.

**§ 22. Postes mobiles ou embuscades.** — Ce sont de petits postes de cinq ou six hommes que l'on pousse la nuit, très loin, sur les chemins par lesquels l'ennemi pourrait arriver. Ils ne font pas de feu, observent le silence, se cachent, annoncent l'ennemi par des signaux convenus avant le départ.

**§ 23. Postes spéciaux (ou détachés).** — On emploie des postes spéciaux (ou détachés) pour renforcer une aile de la ligne des sentinelles, si elle en a besoin, pour occuper des points importants (défilés, ponts, hauteurs. carrefours, etc.), qui se trouvent en avant ou sur la ligne même des sentinelles. Ils sont commandés par un officier, un sous-officier ou un caporal et se gardent eux-mêmes au moyen de sentinelles et de petites patrouilles. (*Voir page* 106, *fig.* 5.)

**§ 24. Citations à l'ordre de l'armée.** — Les commandants de compagnie et les officiers supérieurs doivent signaler les hommes qui se sont distingués sous leurs yeux. Les soldats qui ont manqué à leurs devoirs sont toujours l'objet de rapports spéciaux.

Tout soldat qui a tenu une belle conduite sous le feu ou dans une circonstance périlleuse, qui a pris un canon ou un drapeau à l'ennemi, qui a sauvé son général ou son chef, est l'objet d'un rapport transmis au commandant en chef de l'armée qui peut le citer à l'ordre de l'armée ou dans le bulletin des opérations.

**§ 25. Fanions et lanternes.** — Au cantonnement comme au bivouac, les quartiers généraux, les ambulances, etc., sont signalés : le jour, par des fanions ; la nuit, par des lanternes à verre de couleurs différentes :

*Commandant en chef d'une armée.*

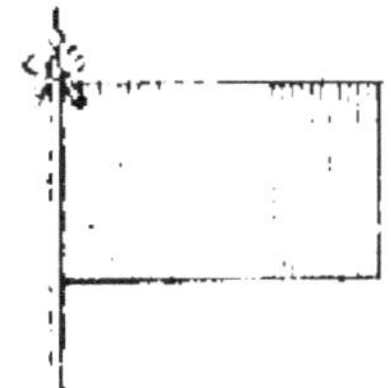

Fanion tricolore en forme de pavillon, avec une cravate tricolore nouée au fer de lance de la hampe.

Lanterne avec verre blanc ou incolore.

*Général commandant un corps d'armée.*

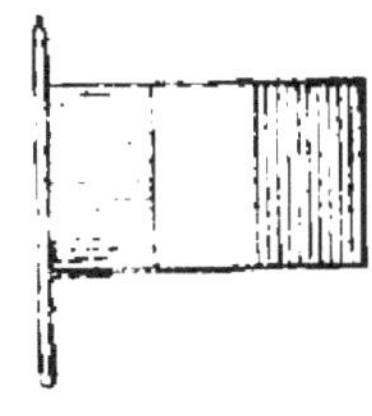

Fanion tricolore en forme de pavillon.

Lanterne avec verre blanc ou incolore.

## Général commandant la 1<sup>re</sup> division d'infanterie d'un corps d'armée.

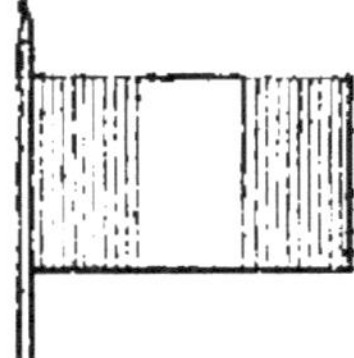

Fanion écarlate en forme de pavillon, divisé sur son milieu et dans sa hauteur par une bande blanche.

Lanterne avec verre rouge.

## Général commandant la 2° division d'infanterie d'un corps d'armée.

Fanion écarlate en forme de pavillon, divisé dans sa hauteur par deux bandes blanches.

Lanterne avec verre rouge.

## Munitions d'infanterie.

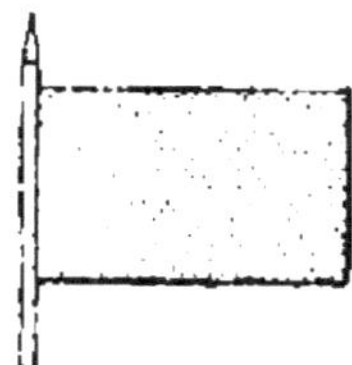

Fanion en forme de pavillon, de couleur jaune.

Lanterne avec verre jaune.

## Ambulances.

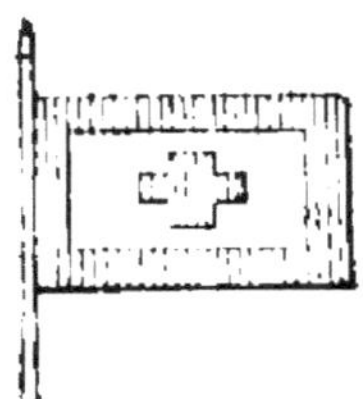

Fanion en forme de pavillon, fond blanc, bordé écarlate, avec croix de même couleur sur son milieu.

Deux lanternes, dont une à verre rouge et l'autre à verre blanc.

# FANIONS ET LANTERNES DES GÉNÉRAUX

Commandant
en chef d'une armée

lanterne blanche

Com.<sup>t</sup> l'artillerie
ou le génie d'une armée

lanterne rouge

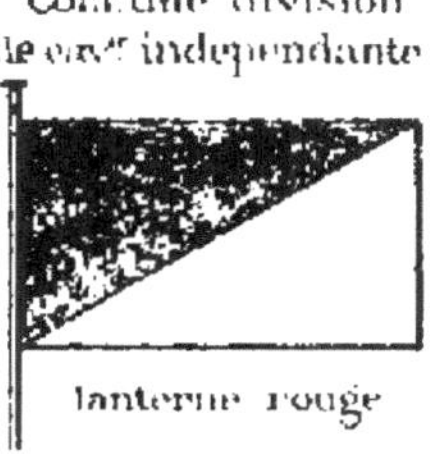

Com.<sup>t</sup> une division
de cav.<sup>rie</sup> indépendante

lanterne rouge

Commandant
d'un corps d'armée

lanterne tricolore

Com.<sup>t</sup> la 1.<sup>re</sup> division
d'un corps d'armée

lanterne rouge

Com.<sup>t</sup> la 2.<sup>e</sup> division
d'un corps d'armée

lanterne rouge

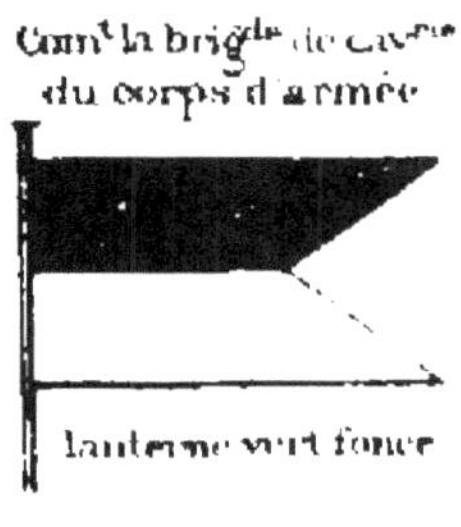

Com.<sup>t</sup> la brig.<sup>de</sup> de cav.<sup>rie</sup>
du corps d'armée

lanterne vert foncé

Com.<sup>t</sup> la brigade d'art.<sup>ie</sup>
du corps d'armée

lanterne vert foncé

Croix de Genève

2 lanternes
(1 rouge, 1 blanche)

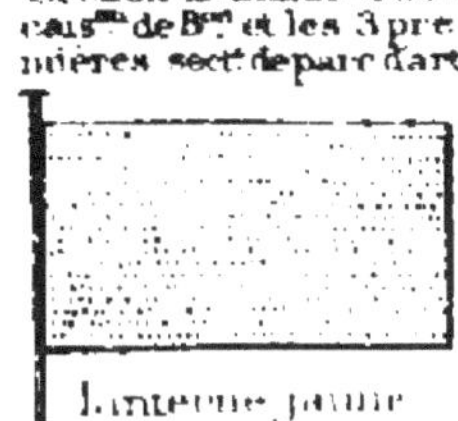

Section de munit.<sup>s</sup> d'inf.<sup>ie</sup>,
caiss.<sup>on</sup> de B.<sup>ie</sup> et les 3 premières sect.<sup>s</sup> de parc d'art.<sup>ie</sup>

lanterne jaune

Sect.<sup>on</sup> de munit.<sup>s</sup> d'art.<sup>ie</sup>
et 4.<sup>e</sup> Sect.<sup>on</sup> de parc d'art.<sup>ie</sup>

lanterne bleue

Poste télégraphique

Lanterne avec verre
blanc et bleu

*Poste télégraphique.*

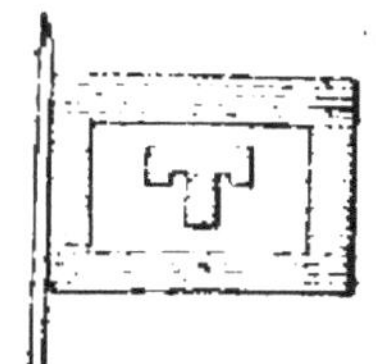

Fanion en forme de pavillon, bordure bleue sur fond blanc, T bleu en son milieu.

Lanterne avec verre incolore et bleu.

**§ 26. Principales lois de la guerre.** — Les belligérants seuls ont le droit, s'ils sont pris par l'ennemi, d'être traités comme des prisonniers de guerre. La qualité de belligérant est acquise à toute personne qui combat pour son pays, se conforme aux lois de la guerre et porte au moins un signe fixe qui permette de le reconnaître à distance. Cependant, la population d'un pays envahi qui prend les armes à l'approche de l'ennemi, avant d'avoir le temps de s'organiser, est considérée comme belligérante. Il n'est pas permis de se faire passer tantôt pour un habitant paisible, tantôt pour un ennemi.

Les lois de la guerre *ne permettent pas :* 1º de faire usage de poison ou d'armes empoisonnées ; 2º de faire semblant de se rendre pour frapper l'adversaire qui ne se méfie pas ; 3º de s'approcher de l'ennemi sous de fausses apparences pour le tuer ensuite ; 4º de frapper, tuer ou blesser un ennemi qui se rend ; 5º de forcer des prisonniers, par des menaces ou de mauvais traitements, à donner des renseignements contraires aux intérêts de leur pays, etc., etc.

Les lois de la guerre *permettent :* 1º de dessécher les sources ; 2° de détourner les rivières ; 3° de mêler à l'eau des substances qui l'empêchent d'être potable, *à condition que cela se voie ;* 4° d'exiger d'un prisonnier qu'il donne son nom et son grade, etc., etc.

Toute cruauté, toute violence, toute rigueur inutile sont interdites.

Un parlementaire et son escorte sont inviolables ; on ne doit ni tirer sur eux, ni user de violence à leur égard, ni les faire prisonniers.

Le respect des morts et des blessés est de *règle absolue* chez les peuples civilisés.

# SUPPLÉMENT

## AU CHAPITRE VII

§ **1. Définitions.** — Le *rang* se compose d'hommes placés à côté les uns des autres.

La *file* se compose de deux hommes l'un derrière l'autre, le *chef de file* est l'homme qui est devant; une file est *creuse*, quand il n'y a personne au second rang.

On appelle *intervalle*, l'espace qui sépare deux hommes ou deux troupes placés à côté l'un de l'autre.

On appelle *distance*, l'espace qui sépare deux hommes ou deux troupes qui sont placés l'un derrière l'autre.

On appelle *éclaireurs*, les hommes chargés de marcher en avant d'une troupe pour fouiller le terrain en avant de la troupe et lui éviter toute surprise.

§ **2. Emploi du sifflet et des signaux.** — Le sifflet est généralement employé au combat pour attirer l'attention des hommes à qui on veut donner des ordres à la voix ou au moyen de signaux.

En dehors des signaux que tout chef peut enseigner à sa troupe, il y en a un certain nombre de réglementaires, pouvant être faits avec les bras, le fusil, le sabre ou la coiffure. Ce sont les suivants :

*En avant.* Élever le bras, l'étendre en avant dans la direction à suivre.

*Halte.* Élever le bras et l'abaisser complètement.

*Par le flanc droit (gauche).* Étendre horizontalement le bras vers la droite (gauche) de la troupe.

*Changer de direction.* Étendre le bras horizontalement vers la droite ou vers la gauche et indiquer le sens du mouvement en tournant le corps et le bras du côté où l'on veut faire face.

*Sur un rang.* Étendre les deux bras horizontalement en les ouvrant.

*Rassemblement.* Élever le bras droit et le laisser levé jusqu'à ce que le mouvement soit achevé.

*Ralliement.* Élever le bras droit et l'agiter vivement.

§ **3. Outils d'une compagnie.** — 1° *Outils portés par les hommes :* 32 pelles-bêches, 8 pioches, 4 pics, 3 haches, 1 scie articulée ; total, 48 outils ;

2° *Outils portés par la voiture de compagnie :* 16 pelles rondes, 2 pelles carrées, 12 pioches, 4 haches de bûcheron, 2 serpes ; total, 36 outils.

*Longueur des outils.* — Longueur de la pelle-bêche portative : 0<sup>m</sup>,52 ;

Longueur de la pelle ordinaire : 1<sup>m</sup>,30 ;

Longueur de la pioche portative, du pic portatif, de la hache portative : 0<sup>m</sup>,45 ;

Longueur de la pioche ordinaire : 0<sup>m</sup>,80 ;

Longueur du fer de la pioche ordinaire : 0<sup>m</sup>,40.

## § 4. Profils de deux ouvrages de fortification passagère. *Tranchée-abri normale.*

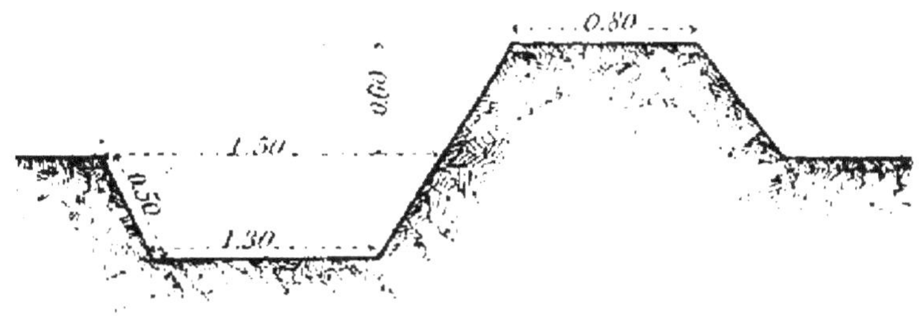

Fig. 7.

Durée du travail :

Avec les outils portatifs : 45 à 60 minutes ;
Avec les outils de transport : 30 à 45 minutes.

*Tranchée-abri ébauchée pour tireur à genou.*

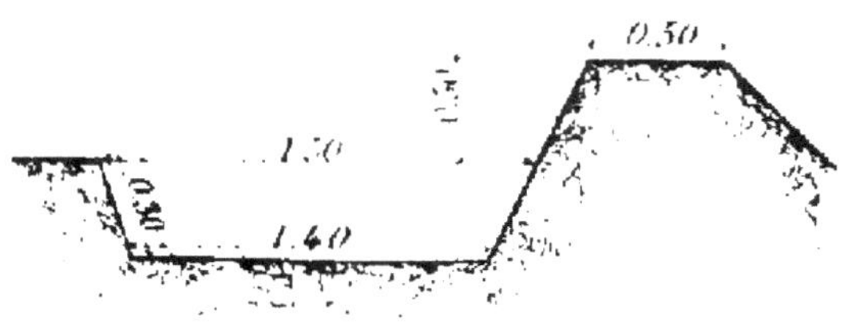

Fig. 8.

Durée du travail :

Avec les outils portatifs : 30 à 45 minutes ;
Avec les outils de transport : 20 à 30 minutes.

**§ 5. Garde du drapeau.** — La garde du drapeau est composée d'un sous-officier et de 4 soldats de 1<sup>re</sup> classe, choisis, par le colonel, dans le bataillon qui a le drapeau. Un soldat se met à la gauche du porte-drapeau, les trois autres au second rang.

**§ 6. Brassard des officiers d'état-major.** — En campagne, les officiers d'état-major d'une brigade portent un brassard bleu ; ceux de l'état-major d'une division : un brassard rouge ; ceux de l'état-major d'un corps d'armée : un brassard tricolore.

# CHAPITRE VIII

## Transports militaires en chemin de fer.

§ **1er. Embarquement**. — Les sous-officiers, caporaux et soldats peuvent être transportés dans des wagons à voyageurs ou dans des wagons à marchandises aménagés pour contenir 32, 36 ou 40 hommes. La troupe est fractionnée et conduite devant les wagons ; à la sonnerie de : *En avant !* les hommes mettent sac à terre, puis les fusils et les havresacs sont placés dans les wagons. Ce n'est que lorsque les fusils et les havresacs sont rangés que les hommes s'embarquent, sur l'ordre du chef de wagon, sans faire de bruit.

§ **2. Défenses**. — Une fois la troupe embarquée, il est rigoureusement interdit : 1° de passer la tête ou les bras hors des portières pendant la marche ; 2° d'ouvrir les portières ; 3° de passer d'une voiture dans une autre ; 4° de pousser des cris ou de chanter ; 5° de descendre de voiture avant les sonneries ; 6° de fumer dans les wagons à chevaux ; 7° de fumer dans les wagons de toute sorte, lorsqu'il y a de la paille sur le plancher.

Ces défenses doivent être observées également par les militaires voyageant isolément en chemin de fer.

Si le voyage doit être long, desserrer les brodequins ou les guêtres.

**§ 3. Arrêts.** — Dans les arrêts de 5 à 10 minutes, les hommes pressés de besoins urgents demandent l'autorisation de descendre à l'officier commandant la garde de police, lorsqu'il passe devant les wagons.

Dans les arrêts de 10 à 15 minutes tous les hommes peuvent descendre de wagon, à la sonnerie de : *Halte*, par les portières donnant sur le quai. Ils laissent leurs fusils dans les wagons et retiennent le numéro de leur wagon, pour pouvoir le retrouver. Trois minutes avant le départ, à la sonnerie de : *En avant !* les hommes montent en wagon. (Ils sont libres de ne pas descendre comme de remonter avant la sonnerie : *En avant.*)

Quand les buffets et les buvettes des gares ne sont pas interdits à la troupe, un homme ou deux par wagon peuvent y pénétrer, conduits par un sous-officier, pour y faire les achats de leurs camarades.

A la sonnerie de la *marche du régiment*, les hommes sortent sans précipitation des wagons, reprennent leurs havresacs et leurs fusils, et se reforment sur le quai, comme ils se trouvaient avant de s'embarquer. (Il est recommandé aux hommes de tenir leur fourreau avec la main, lorsqu'ils sautent du wagon.)

§ **4. Alimentation**. — Les troupes transportées en chemin de fer ont droit, par 24 heures : 1 à deux repas fournis par l'administration militaire, dans les stations halte-repas ; 2° à un repas fourni par l'ordinaire.

L'administration militaire fournit des repas de jour et des repas de nuit.

Le *repas de nuit* se compose, toujours, par homme, d'un quart de café chaud et sucré mélangé d'un seizième de litre d'eau-de-vie ou de tafia.

Le *repas de jour pris dans une station halte-repas de* 1re *catégorie* (c'est-à-dire, où il y a un réfectoire ou des halles disposées en réfectoires), se compose d'un demi-litre de soupe au pain, de 250 grammes de viande froide de conserve et de 10 grammes de sel pour assaisonner la viande.

Le *repas de jour pris dans une station halte-repas de* 2e *catégorie* (c'est-à-dire où il n'y a ni réfectoires ni halles disposées en réfectoires) se compose de 250 grammes de viande froide de conserve, de 10 grammes de sel et d'un quart de café chaud sucré.

(Le jour est compté de 6 heures du matin à 5h,59 du soir.)

La viande de conserve est distribuée en boîtes de 1 kilogramme ou de 2 kilogrammes. Le sel est distribué dans des sachets en papier contenant 8 rations (80 grammes).

Si le repas ne doit pas être pris dans un réfectoire ou un local aménagé, la distribution est faite aux hommes dans les wagons, par les soins des fourriers. La distribution achevée, le commandant de la troupe fait faire la sonnerie de *Halte* et les hommes peuvent descendre sur les quais.

Si le repas doit être pris au réfectoire, à la sonnerie de *la soupe*, les hommes se forment sur le quai, chacun ayant dans son étui-musette, son pain, sa gamelle, sa cuiller et son quart. Les compagnies sont ensuite menées au réfectoire où les hommes se placent par 10. (Les ordonnances d'officiers montés et les conducteurs d'équipages ne se rendent au réfectoire qu'après avoir assuré l'abreuvage et les distributions des chevaux.) Aussitôt placés, les hommes se répartissent eux-mêmes la soupe dans leur petite gamelle, au moyen d'une cuiller qui contient exactement une ration. Ils trouvent sur chaque table 1 bidon de 10 litres rempli d'eau et un autre bidon de 10 litres plein d'eau mélangée d'eau-de-vie (distingué par une ficelle de couleur nouée à l'anse). Ils peuvent remplir leur petit bidon et boire pendant le repas.

Le café est distribué dans les wagons par les fourriers.

# CHAPITRE IX

**Renseignements relatifs au service militaire dans la réserve et l'armée territoriale. — Obligations des disponibles, réservistes et territoriaux.**

---

**§ 1ᵉʳ. Renseignements divers :**

a) *Durée du service.* — La durée du service militaire est de 25 ans : armée active, 3 ans ; réserve de l'armée active, 7 ans ; armée territoriale, 6 ans ; réserve de l'armée territoriale, 9 ans. Le service compte du 1ᵉʳ novembre de l'année du tirage au sort pour les appelés ; il compte du jour de l'engagement pour les engagés volontaires. Pour le service dans la réserve et l'armée territoriale, l'engagé marche avec la classe qui a été appelée dans l'année où il est entré au service. Exemple : un jeune homme né en 1874 et engagé en 1892 marche avec la classe 1891 qui est appelée en 1892. Il est de la classe de recrutement de 1894 et de la classe de mobilisation de 1891.

b) *Disponibles. Réservistes. Hommes à la disposition. Hommes de services auxiliaires. Non-disponibles.* — On désigne sous le nom de *disponibles*, les hommes renvoyés dans leurs foyers avant d'avoir accompli 3 ans de service (hommes de la 2ᵉ portion, anciens engagés conditionnels, hommes renvoyés comme soutiens de famille ou dispensés, hommes d'une classe renvoyée par anticipation). Exemple : un jeune soldat appelé en novembre 1891 et renvoyé comme dispensé, en octobre 1892, reste disponible jusqu'au 1er novembre 1894, jour où il devient réserviste.

Les *réservistes* sont les hommes qui ont passé 3 ans dans une des catégories ci-après : 1° sous les drapeaux ; 2° dans la disponibilité ; 3° dans les services auxiliaires ; 4° à la disposition de l'autorité militaire.

(La catégorie des hommes à la disposition doit disparaître en 1892, lorsque la classe de 1888, la première appelée en vertu de la loi de recrutement de 1889, passera dans la réserve.)

Les hommes classés dans les *services auxiliaires* sont ceux qui n'ont pas la taille réglementaire ou sont trop faibles pour accomplir le service actif.

Les *n-disponibles* sont les disponibles, réservistes, ou territoriaux, qui occupent certains emplois déterminés par la loi du recrutement. A la place du livret, ils ont un certificat qui constate leur situation.

c) *Périodes d'instruction.* — Les dispensés de l'art. 23 de la loi du recrutement (Voir page **28**) sont rappelés pendant 4 semaines, au cours de l'année qui précède leur passage dans la réserve.

Les *réservistes* sont rappelés **2** fois, pour **4** semaines chaque fois.

Les *territoriaux* sont rappelés **1** fois pour **2** semaines.

*d) Réservistes pères de 4 enfants.* — Les réservistes pères de 4 enfants vivants passent de droit dans l'armée territoriale et y restent même s'ils viennent à perdre plus tard un des 4 enfants (1).

*e) Livret individuel.* — Les hommes de toutes les classes reconnus propres au service militaire ou classés dans les services auxiliaires reçoivent un *livret individuel* qui contient plusieurs renseignements dont les principaux sont : la classe de mobilisation de l'homme, son état civil, ses services, ses campagnes, ses blessures ses décorations et ses citations, les marques extérieures de respect que tous les militaires doivent à leurs supérieurs, une nomenclature des crimes et délits militaires et des peines qui y sont attachées. (Les livrets du modèle du 9 novembre 1890 contiennent en outre plusieurs dispositions de la loi du recrutement répétées dans le présent chapitre.)

Quand l'homme passe dans la disponibilité ou la réserve, le livret individuel est augmenté d'un fascicule qui contient : 1° un ordre de route à lire attentivement et à exécuter en cas de mobilisation ; 2° une feuille spéciale, tenant lieu de feuille de route pour les appels du temps de paix ; 3° des imprimés préparés pour servir de récépissés du livret. (Ces récépissés peuvent se déta-

---

(1) Pièces à fournir au commandant de recrutement par l'intermédiaire de la gendarmerie : demande, livret individuel, extrait de naissance légalisé et certificat de vie signé par le Maire pour chacun des enfants.

cher facilement ; ils contiennent les renseignements les plus nécessaires en cas de mobilisation
ou d'appel pour les manœuvres.)

(Les livrets des hommes des services auxiliaires
ne contiennent pas d'ordre de route ni de feuille
spéciale.)

Le livret est remis gratuitement à l'homme au
moment de sa première incorporation. Quand
l'homme quitte le corps, il signe un reçu de son
livret qu'il emporte généralement. S'il ne l'emporte pas, le livret lui est remis dans ses foyers
par la gendarmerie qui fait un procès-verbal con-
statant la remise du livret.

Le livret doit être présenté à toute réquisition
des autorités civiles, judiciaires ou militaires,
dans les **24** heures, en cas d'appel sous les drapeaux, et, dans les huit jours, dans tous les autres
cas.

Quand le livret est repris à l'homme, il doit lui
être remis un des récépissés signés. L'homme res-
titue le récépissé quand on lui rend son livret. Il
doit être porteur du livret ou du récépissé toutes
les fois qu'il est convoqué pour une réunion militaire quelconque.

Le livret doit être conservé avec le plus grand
soin. Tout homme coupable de l'avoir perdu par
négligence, d'y avoir fait des grattages, ratures
ou surcharges, peut être puni disciplinairement
et même traduit devant les tribunaux.

L'homme qui perd son livret ou son récépissé,
étant dans ses foyers, doit en faire immédiatement la déclaration à la brigade de gendar-

merie. Celui à qui on ne remet pas son livret doit faire la même déclaration, car le fait de ne pas avoir de livret ne serait pas une excuse si, par ignorance, l'homme n'accomplissait pas ses devoirs militaires.

L'homme qui ne trouve pas son livret au moment de rejoindre, demande un certificat d'identité, établissant sa situation militaire, soit au maire, soit au commissaire de police, soit au commandant de la brigade de gendarmerie. Il le présente au corps ou au bureau de recrutement.

f) *Mobilisation*. — La mobilisation est le passage de l'armée du pied de paix au pied de guerre. Elle est annoncée par voie d'affiches et de publications, à son de caisse ou de cloches. Sans autre avis, les hommes liés au service militaire doivent se conformer exactement aux indications de l'ordre de route de leur livret individuel. Les affiches indiquent le *premier jour* de la mobilisation. Les jours se comptent de minuit à minuit. Exemple : si le 1er jour est le 3 juillet, l'homme qui doit rejoindre le 2e jour à 11 heures du matin devra se présenter le 4 juillet à 11 heures du matin.

Les non-disponibles ne sont mobilisés que sur un ordre qui leur est transmis par leur chef de service. Ils peuvent aussi recevoir un ordre d'appel individuel. Quand ils cessent d'être non-disponibles, ils remettent leur certificat à la gendarmerie. Ceux qui ne rempliraient pas cette formalité s'exposeraient à être rappelés pour une période d'exercices.

## § 2. Discipline des disponibles, réservistes et territoriaux.

— Les disponibles, réservistes et territoriaux, les hommes à la disposition, les ajournés, les hommes en sursis d'appel, les hommes classés dans les services auxiliaires, peuvent se marier sans autorisation de l'autorité militaire. Ils doivent présenter au maire leur livret ou leur récépissé de livret. Le mariage ne donne droit à aucune exemption de service.

Il est défendu de faire usage des effets militaires en dehors des convocations. La détérioration ou la perte de ces effets peut motiver une punition disciplinaire.

Les disponibles, réservistes, territoriaux, etc., peuvent être punis de prison étant dans leurs foyers, par les généraux (jusqu'à 30 jours), et par le commandant de recrutement. Les punitions sont faites dans un corps de l'armée active. Les ordres de punition sont notifiés un mois avant. Le jour de l'aller et celui du retour comptent dans la punition.

Les disponibles, réservistes et territoriaux, sont justiciables des conseils de guerre :

En cas de mobilisation : du jour de l'appel à l'activité jusqu'au jour du renvoi dans les foyers ;

En cas de convocation pour manœuvres, exercices ou revues : à partir de leur réunion en détachement (ou à partir de leur arrivée au corps, s'ils rejoignent isolément), jusqu'au jour du renvoi dans les foyers.

Les disponibles, réservistes et territoriaux, non présents sous les drapeaux, mais revêtus d'effets d'uniforme, sont considérés, pour la discipline, comme des militaires en congé et peuvent être traduits devant les conseils de guerre. Ils doivent à tous leurs supérieurs, même hors du service, les marques extérieures de respect prescrites par les règlements militaires.

Les disponibles, réservistes et territoriaux, qui, dans leurs foyers, outrageraient un supérieur, à cause de punitions qu'il leur aurait infligées sous les drapeaux, peuvent être punis disciplinairement et même déférés aux conseils de guerre (1).

Le seul fait, pour les hommes inscrits au registre matricule (c'est à-dire ayant reçu un livret individuel), de se trouver vêtus d'effets d'uniforme dans un rassemblement tumultueux ou contraire à l'ordre public et d'y demeurer, contrairement aux ordres des agents de l'autorité ou de la force publique, les rend passibles d'un emprisonnement de deux mois à cinq ans.

**§ 3. Changements de domicile ou de résidence et déplacements pour voyager.** — Le changement de domicile est l'abandon du lieu que l'on quitte pour se fixer *définitivement* ailleurs.

Le changement de résidence est l'abandon *momentané* du lieu que l'on quitte, mais où on a l'intention de revenir plus tard.

En cas de changement de domicile ou de rési-

---

(1) Le 20 mars 1883, le 2e conseil de guerre de Paris a prononcé une peine de huit ans de travaux publics contre un réserviste qui avait outragé un sous-officier de son ancien régiment.

dence, l'homme fait viser dans le délai d'un mois, son livret individuel par la gendarmerie de la localité (1) où il a transporté son domicile ou sa résidence. (Le militaire qui se retire en quittant le service actif dans une subdivision de région qui n'est pas celle où il a tiré au sort, doit faire la déclaration à la gendarmerie dès son arrivée et la renouveler six mois après.)

L'homme qui va se fixer en pays étranger fait viser son livret avant son départ par la gendarmerie de son domicile (ou résidence) et, dès son arrivée à l'étranger, par l'agent consulaire de France. Étant à l'étranger, s'il se déplace pour changer de résidence, il prévient, au départ et à l'arrivée, les agents consulaires de France. Quand il rentre en France, il fait viser son livret à la gendarmerie, dans le délai d'un mois.

L'homme qui va se fixer dans une colonie française doit faire sa déclaration à la gendarmerie, ou, s'il n'y a pas de gendarmerie, à l'autorité militaire de la colonie.

Quand un homme établit son domicile dans une localité où il était seulement venu en résidence, il fait une nouvelle déclaration à la gendarmerie.

L'homme qui rentre à son domicile après avoir été dans une autre résidence, fait viser son livret

---

(1) A Paris, les déclarations sont faites à la caserne de gendarmerie des Minimes (rue de Béarn) pour les 2ᵉ, 3ᵉ, 4ᵉ, 5ᵉ, 6ᵉ, 10ᵉ, 11ᵉ, 12ᵉ, 13ᵉ, 14ᵉ, 19ᵉ et 20ᵉ arrondissements ; à la caserne de gendarmerie du boulevard Lannes, n° 1, pour les autres arrondissements.

à la gendarmerie, pour faire constater sa rentrée au domicile.

Les hommes qui se déplacent pour voyager *plus d'un mois* doivent en faire la déclaration à la gendarmerie de la localité *d'où ils partent*.

L'homme qui n'a pas son livret quand il fait une déclaration de changement de domicile ou de résidence, demande le visa sur le récépissé de son livret ; s'il n'a pas même le récépissé du livret, il demande le reçu de sa déclaration sur une feuille volante.

Les changements de résidence n'entraînent pas le changement de corps des réservistes et territoriaux.

Les non-disponibles ne sont pas tenus de faire les déclarations de changement de domicile et de résidence.

Les disponibles, réservistes et territoriaux qui ne font pas les déclarations de changement de domicile ou de résidence peuvent être punis disciplinairement.

**§ 4. Convocations pour les périodes d'instruction.** — Les convocations ont lieu par affiches. Dès que les affiches sont publiées, les disponibles, réservistes et territoriaux doivent consulter la *feuille spéciale aux appels* de leur livret pour savoir s'ils font partie des classes ou catégories appelées, et, dans ce cas, ils doivent rejoindre au jour et à l'heure indiqués, après s'être fait couper les cheveux et avoir revêtu leurs effets militaires qui ont dû être entretenus soigneusement.

Les réservistes et territoriaux sont invités à

apporter pour les périodes d'instruction et à la mobilisation, une paire de brodequins, se rapprochant du modèle réglementaire (semelle débordante, talon plat peu élevé, 80 clous), avec laquelle ils supporteraient facilement les marches de début. En cas de mobilisation, la valeur de ces brodequins serait remboursée à l'homme.

Ils peuvent voyager en chemin de fer, au tarif militaire, quel que soit l'endroit d'où ils partent, s'ils ont fait les déclarations prescrites par la loi. (Voir le § *Transports et frais de route*, ci-après page 141.)

L'homme qui, hors le cas de force majeure, ne rejoint pas dans les délais peut être puni disciplinairement, même de 30 jours de prison. (Les punitions de prison sont faites après la période d'instruction.)

Celui qui n'a pas répondu à une convocation reçoit un ordre d'appel individuel. S'il n'y répond pas dans le délai d'un mois, il est déféré au conseil de guerre et puni d'un emprisonnement d'un mois à un an.

En temps de guerre, l'homme qui n'a pas rejoint reçoit un ordre d'appel individuel. S'il n'a pas rejoint dans le délai de deux jours (d'un mois, si l'homme demeure en Algérie, en Tunisie ou en Europe; de deux mois, s'il demeure dans un autre pays), il est déféré au conseil de guerre et puni d'un emprisonnement de deux à cinq ans. De plus, le nom de l'homme est affiché pendant toute la durée de la guerre dans toutes les communes de son canton.

Les hommes détenus en vertu d'un jugement au moment où ils sont appelés, accomplissent leur période d'instruction au premier appel qui a lieu après leur sortie de prison.

L'homme malade au moment d'un appel ou à la mobilisation, informe de suite la gendarmerie. S'il habite une ville de garnison, il demande au commandant d'armes à être visité par un médecin militaire et envoie le certificat à la gendarmerie.

S'il ne peut se faire visiter par un médecin militaire, il demande un certificat à un médecin civil et l'adresse à la gendarmerie, après l'avoir fait viser par le maire, qui atteste que l'homme a été dans l'impossibilité de se faire visiter par un médecin militaire.

L'homme qui aurait reçu pour le jour de la convocation une assignation à comparaître comme témoin pourra obtenir un sursis en adressant au général commandant la subdivision, par l'intermédiaire de la gendarmerie, une demande accompagnée de la copie de son assignation certifiée conforme par le maire. Il en est de même de ceux qui doivent faire partie d'un jury de cour d'assises.

Les non-disponibles sont habituellement dispensés des manœuvres, mais ils peuvent être convoqués.

**§ 5 Dispenses de manœuvres, ajournemen's et devancements d appel.** — Sur la demande des hommes qui sont soutiens indispensables de famille, il peut leur être accordé des *dispenses* de périodes d'instruction. Les demandes sont accompagnées : 1° d'un relevé des contributions payées par la famille, certifié par le percepteur ; 2° d'un certificat modèle 5 *bis*, contenant l'avis motivé de trois pères de famille résidant dans la commune et ayant un fils sous les drapeaux (ou à défaut dans la réserve de l'armée active) et jouissant de leurs droits civils et politiques. Les demandes doivent parvenir au général commandant la subdivision 15 jours au moins avant la convocation, par l'intermédiaire du maire, qui les soumet au conseil municipal avant de les envoyer. L'homme dispensé reçoit un titre qui n'est valable que pour une convocation.

Il peut également être accordé des *ajournements*. L'homme ajourné doit accomplir sa période d'instruction l'année suivante quand même il serait passé dans l'armée territoriale (s'il était réserviste) ou dans la réserve de l'armée territoriale (s'il était territorial). Les demandes sont reçues jusqu'au jour du départ.

Il peut être accordé des *devancements d'appel* permettant : 1° aux réservistes, de faire au printemps la période qu'ils auraient dû faire en automne ; 2° aux territoriaux, de faire leur période une année avant celle où ils doivent être appelés.

Les hommes en résidence hors de leur domicile peuvent être autorisés à faire leur période dans un corps qui n'est pas leur corps d'affectation, si, toutefois, leur corps d'affectation ne doit pas faire les manœuvres d'automne.

Les hommes dispensés d'une période d'instruction pour cause de maladie ou renvoyés dans leurs foyers pour la même cause, sont appelés l'année suivante.

En cas de mobilisation, il n'y a plus de dispenses d'aucune sorte.

**§ 6. A qui sont adressées les diverses demandes des réservistes et territoriaux.** — Les hommes appartenant aux différentes classes de la réserve et de l'armée territoriale se conforment, pour leurs rapports avec l'autorité militaire, aux règles suivantes :

1° ceux présents à leur domicile adressent toutes leurs demandes au général commandant leur subdivision, par l'intermédiaire de la gendarmerie, à l'exception des demandes de dispenses de périodes d'instruction qui sont adressées au général par l'intermédiaire du maire de la commune ;

2° Ceux qui sont en résidence régulière hors de la subdivision de région de leur domicile adressent :

*a)* Au général commandant la subdivision de région de leur résidence, par l'intermédiaire de la gendarmerie de leur résidence, les demandes ayant trait aux sujets suivants : *Réforme. — Ajournement ou devancement d'appel. — Autorisation de faire une période d'instruction dans la région de leur résidence.*

*b)* Au général commandant la subdivision de région de leur domicile, les demandes ayant trait aux objets ci-après : *Demandes de renseignements sur leur situation militaire. — Réclamations. —*

*Demandes de dispense de périodes d'instruction.*
(Les deux premières par l'intermédiaire de la gendarmerie de la résidence, les dernières par le maire de la commune du domicile.)

Les hommes domiciliés, ou en résidence régulière, dans le département de la Seine adressent toutes leurs demandes à M. le gouverneur militaire de Paris, par l'intermédiaire de la gendarmerie (sauf les demandes de dispenses de périodes d'instruction qui sont remises au maire de la commune ou de l'arrondissement).

Les hommes en résidence régulière à l'étranger adressent les demandes de dispenses ou d'ajournement pour les périodes d'instruction à l'agent consulaire de France.

Les demandes des hommes en résidence non déclarée ne reçoivent pas de réponse.

Une demande qui n'a pas reçu de réponse doit être considérée comme refusée.

Toutes les demandes des réservistes et territoriaux doivent être visées par le maire de la résidence ou du domicile. Lorsque l'homme invoque un motif de maladie, il doit joindre un certificat du médecin, visé par le maire.

Les demandes de réforme sont accompagnées d'un certificat du médecin, visé par le maire.

(Voir, pour la correspondance militaire, page 58.)

**§ 7. Transport et frais de route des disponibles, réservistes et territoriaux. — En cas de mobilisation, les hommes de l'armée territoriale, les hommes classés dans les services auxiliaires et les hommes à la disposition (1) ne doivent pas faire usage des chemins de fer, même en payant place entière, quelle que soit la distance à parcourir, à moins que des affiches spéciales ou une inscription de leur livret individuel ne les autorisent à voyager en chemin de fer. Dans ce cas, ils payent le tarif militaire et reçoivent, à leur arrivée l'indemnité kilométrique.

En cas de mobilisation les disponibles et réservistes, sont transportés *gratuitement* par le chemin de fer, sur la présentation de leur ordre de route. Les sous-officiers, caporaux et soldats, ne peuvent voyager qu'en 3e classe (2). Ils peuvent être transportés dans des wagons à marchandises couverts et munis de bancs.

Les disponibles, réservistes, territoriaux, etc., convoqués pour une période d'instruction, sont transportés *au tarif militaire*, sur la présentation de la *feuille spéciale* du livret ou de leur ordre d'appel, pendant les trois jours qui précèdent la date de la convocation.

Après une période d'instruction, les hommes renvoyés dans leurs foyers ont droit au tarif militaire sur les chemins de fer, pendant les deux jours qui suivent la date à laquelle ils quittent le corps. En aucun cas, il n'est accordé de permissions ou de sursis de départ.

Les disponibles et réservistes doivent s'embarquer à la gare désignée par leur ordre de

---

(1) Catégorie qui va disparaître en 1892.
(2) N'ont pas droit à la franchise de 30 kilos de bagages.

route, à moins qu'ils ne soient en résidence régulière dans une autre localité. Dans ce cas, ils prennent le chemin de fer à la gare la plus rapprochée de leur résidence.

Les disponibles et réservistes qui se trouveraient momentanément hors de chez eux, au moment de la mobilisation, peuvent demander (les 1er et 2e jours seulement), à être transportés en chemin de fer à leur corps, en s'adressant, soit au commandant d'armes, dans les villes de garnison, soit au commissaire de surveillance administrative de la gare, soit au maire. Les territoriaux se trouvant dans le même cas, peuvent demander, dans les mêmes conditions que ci-dessus, à être transportés à leur domicile ou résidence.

Les hommes en résidence irrégulière n'ont pas droit au transport gratuit ni au transport à prix réduit, ni même au transport à place entière sur les chemins de fer.

Les hommes qui auraient été obligés de payer place entière, par suite de perte de livret ou autre motif, ne sont remboursés que du quart du tarif (0f,016 par kilomètre).

L'indemnité kilométrique (0f,016 par kilomètre) n'est pas due, en cas de mobilisation, aux hommes qui ont été transportés gratuitement.

L'homme qui, après une convocation, est autorisé à rentrer dans une localité qui n'est ni son domicile ni sa résidence, ne peut pas toucher une indemnité plus forte que celle qui lui reviendrait pour rentrer à son domicile ou à sa résidence.

L'homme qui se rend dans un corps pour y

subir une punition. a droit au transport à prix réduit sur les chemins de fer.

L'homme domicilié ou en résidence dans sa subdivision de région et convoqué en temps de paix, a droit :

1° Si la distance entre le lieu où il doit se rendre et le chef-lieu du canton de son domicile ou de sa résidence est de 24 kilomètres seulement (ou moins de 24 kilomètres), à l'indemnité journalière spéciale de 1f,25 pour la journée de son arrivée au corps. Il n'y a pas droit pour le jour de son renvoi dans ses foyers ;

2° Si la distance est supérieure à 24 kilomètres, il a droit à l'indemnité de 1f,25 pour chaque journée de route (1) et de plus, à l'indemnité de 0f,016 par kilomètre parcouru en chemin de fer. Il a droit, pour le retour, aux mêmes indemnités que pour l'aller au corps, avec cette seule différence que l'indemnité de 0f,016 par kilomètre n'est accordée que pour les distances égales ou supérieures à 37 kilomètres.

---

(1) Les journées de route se décomptent ainsi :

1° Sur les chemins de fer :
   De 0 à 24 kil., une indemnité spéciale à 1 fr. 25.
   De   25 à   400 kil , 1 journée de route,
   De  401 à   760 kil., 2        —
   De  761 à  1120 kil., 3        —
   De 1121 à  1180 kil., 4        —
2° Sur les routes ordinaires :
   De   0 à  24 kil., 1 indemnité spéciale à 1 fr. 25,
   De  25 à  36 kil., 1 journée de route,
   De  37 à  60 kil., 2        —
   De  61 à  84 kil., 3        —            etc.

Pour l'homme qui est en résidence déclarée hors de sa subdivision de région, la distance comptée pour les frais de route est celle qui existe entre le chef lieu de la subdivision de région où il se trouve en résidence et sa destination.

Pour l'homme qui est en résidence à l'étranger, la distance comptée pour les frais de route est celle qui existe entre le chef-lieu de la subdivision de région par laquelle il est rentré en France et sa destination.

Pour l'homme qui voyage à l'étranger ou qui a changé de résidence sans faire la déclaration prescrite par la loi, il est censé partir du chef-lieu de canton de son dernier domicile ou de sa dernière résidence déclarée.

Les indemnités journalière, spéciale ou kilométrique, sont payées pour l'aller lorsque l'homme a rejoint le corps, et avant son renvoi, pour le retour. Cependant l'homme en résidence hors de sa subdivision qui n'aurait pas les ressources nécessaires pour rejoindre peut recevoir d'avance ce qui lui revient du commandant de recrutement ou du sous-intendant militaire.

*OBSERVATION IMPORTANTE. — En cas de guerre, aucun voyageur n'étant admis même à place entière sur certaines lignes de chemin de fer, les hommes ont un intérêt majeur à se conformer rigoureusement aux indications de l'ordre de route de leur livret.*

Paris. — Imprimerie L. BAUDOIN, 2, rue Christine.